Öfter mal VEGAN!

FAMILIENREZEPTE, DIE EINFACH ALLEN SCHMECKEN

INHALT

Einleitung 4
   Vegan mit Familie ist jetzt ganz leicht 4
   Wie erkenne ich vegane Lebensmittel? 5
   Komplett vegan – worauf muss ich achten? 10

Quick & Easy 12

Besonders herzhaft 34

Immer schon vegan 62

To Go 88

Sweets 116

Rezeptverzeichnis 142
Über die Autorin 144
Hinweise zum Buch 144

VEGAN
mit Familie ist jetzt *ganz leicht!*

Dir fallen beim Einkaufen immer öfter Lebensmittel auf, die als „vegan" gekennzeichnet sind? Du kennst immer mehr Menschen, die sich ab und an – oder sogar ganz regelmäßig – vegan ernähren? Du bist neugierig geworden, was es damit auf sich hat und möchtest für dich und deine Familie öfter mal was Veganes auf den Teller bringen? Dann liegst du damit voll im Trend: „Vegan" ist sprichwörtlich in aller Munde. Längst ist die vegane Ernährung von der Biomarkt-Ecke in alle Gesellschaftsgruppen gelangt und hat ihr verstaubtes Image abgelegt. Immer mehr Menschen hinterfragen ihren Fleischkonsum aus gesundheitlichen, ökologischen oder ethischen Gründen. Kein Wunder, dass daher die Vielfalt an rein pflanzlichen Gerichten und Lebensmitteln ständig wächst.

Was kann man denn dann noch essen?

Hierzulande sind die meisten Menschen mit Fleisch als Grundnahrungsmittel aufgewachsen und seit Jahrzenten daran gewöhnt. Das hat sich in den letzten Jahren zwar verändert, doch noch immer ist Fleisch in den meisten Gerichten einer der Hauptbestandteile. Wird es einfach weggelassen, bleibt oft eine vergleichsweise uninspirierte Zusammenstellung von Beilagen übrig. Kaum verwunderlich, dass vielen da etwas fehlt. Mit den Rezepten in diesem Buch will ich dir zeigen, dass eine vegane Ernährung keinesfalls Verzicht bedeutet, längst nicht nur etwas für gut verdienende Hipster ist und es viele Gerichte gibt, die die ganze Familie lieben wird! Ob verschiedene Pasta-Gerichte, allseits beliebte Burger, Kürbis-Risotto, Tex-Mex-Bowl und sogar Mousse au Chocolat, Himbeer-Cheesecake oder Kaiserschmarrn: Die Rezepte aus diesem Buch geben dir zahlreiche Möglichkeiten, um dich und deine Familie öfter mal rein pflanzlich, gesund und vor allem lecker zu ernähren.

EINLEITUNG

Was ist eigentlich vegane Ernährung?

Vegan zu essen bedeutet nicht nur das Fleisch vom Speisezettel zu streichen. Sich vegan zu ernähren heißt, dass man auf jegliche tierischen Produkte verzichtet und seinen Speiseplan komplett aus pflanzlichen Lebensmitteln zusammenstellt. Somit geht man einen Schritt weiter als die vegetarische Ernährung und verzichtet nicht nur auf Fisch und Fleisch, sondern auch auf Milchprodukte, Eier und Honig.

Doch keine Sorge, es bleiben genug Lebensmittel übrig, die man bei einer veganen Ernährung verwenden kann. Die ganze bunte Vielfalt an Obst, Gemüse, Pilzen, Getreide, Hülsenfrüchten, Nüssen und Samen steht dir zur Verfügung. Daraus wurden teilweise schon immer Gerichte zubereitet, die traditionell rein pflanzlich waren, also **„Immer schon vegan"**. Im gleichnamigen Kapitel dieses Buches findest du zum Beispiel indisches Gemüse-Korma, gebratene Asia-Reisnudeln, Pasta e Ceci oder ein orientalisches Reispilaw.

Wenn es schnell gehen soll, findest du im Kapitel **„Quick & Easy"** leckere Gerichte, wie das würzige Massaman-Curry, ein „Omelett" ganz ohne Ei oder den deftigen BBQ-Bohneneintopf. Die Rezepte überzeugen nicht nur geschmacklich, sondern auch durch die besonders einfache und unkomplizierte Zubereitung.

Auch der Hunger nach richtig herzhaften Speisen lässt sich mit pflanzlichen Gerichten wunderbar stillen. Im Kapitel **„Besonders herzhaft"** bekommst du deftigen Linseneintopf mit Rauchmandeln, den amerikanischen Klassiker Chili Cheese Fries und würziges Szegediner Jackfrucht-Gulasch.

Unsere Essgewohnheiten ändern sich und immer häufiger hätten wir gerne auch was Einfaches auf die Hand? Im Kapitel **„To Go"** findest du mit einem leckeren Kebab, Pide mit herzhafter Paprika-„Hack"-Füllung oder Bánh mì – DEM vietnamesischen Streetfood-Sandwich – eine große Auswahl an Rezepten, die sich fürs Snacken unterwegs oder die Mittagspause im Büro hervorragend eignen.

Nicht zuletzt finden im süßen Finale **„Sweets"** alle Naschkatzen ihr Lieblingsgericht, meine Tochter zum Beispiel die cremige Mousse au chocolat. Die süßen Highlights wie fluffige Bananen-Pancakes, fruchtiges Trifle und schokoladige Nuss-Brownies kommen ganz ohne tierische Produkte aus, punkten aber mit vollem Geschmack!

Schmeckt's?
☆ ☆ ☆
Du und deine Familie könnt jedes Rezept selbst bewerten und bis zu drei Sterne vergeben. Malt jeweils so viele Sterne aus, wie ihr dem Gericht verleihen möchtet.

WIE ERKENNE ICH VEGANE LEBENSMITTEL?

Gemüse ist vegan und ein Schnitzel ist es nicht. So weit, so einfach. Bei verarbeiteten Lebensmitteln wird es schon schwieriger. Da gilt es, zuerst mal einen Blick auf die Zutatenliste zu werfen. Im Müsli kann schon mal Molkepulver stecken und bei so manchem Lebensmittel werden auch bei der Verarbeitung tierische Produkte eingesetzt, die zwar nachher nicht mehr im Lebensmittel enthalten sind, aber dafür sorgen, dass das Lebensmittel nicht als vegan ausgezeichnet werden kann. Das ist zum Beispiel dann der Fall, wenn Fruchtsäfte durch Hühnereiweiß geklärt wurden.

EINLEITUNG

Muss ich jetzt alles neu kaufen?

Was bedeutet das für dich und deine Familie? Das kommt ganz darauf an. Wenn ihr einfach mal öfters vegan essen möchtet, braucht ihr nicht euren gesamten Lebensmittelvorrat auf den Kopf zu stellen und von Essig, bis Senf und gekörnter Gemüsebrühe alles neu kaufen. Um die vegane Küche auszuprobieren und öfter mal in eure Ernährung zu integrieren müsst ihr nicht unbedingt die Produktionsprozesse der Lebensmittel im Blick haben. Wenn du aber auf Nummer sicher gehen möchtest und ausschließlich vegane Produkte essen möchtest, dann können dir die folgenden Siegel Sicherheit darüber geben, dass du wirklich ein veganes Lebensmittel im Einkaufswagen hast. Darüber hinaus gibt es Webseiten oder Apps mit einem Einkaufsguide, die dir Orientierung bieten.

Das V-Label

Das V-Label mit dem V-förmigen Keimling ist ein internationales Gütesiegel zur Kennzeichnung veganer und vegetarischer Produkte. Seit 1996 wird das Label in der Schweiz von der Lebensmittelindustrie lizenziert. Hierzulande vergibt der *ProVeg Deutschland e. V.* das V-Label.

Gütesiegel Veganblume

Das Gütesiegel Veganblume wird von der englischen *Vegan Society* vergeben. Im deutschsprachigen Raum ist die *Vegane Gesellschaft Österreich* Ansprechpartner. Das Siegel kennzeichnet wie das V-Label vegane Lebensmittel und andere vegane Produkte, z. B. im Bereich der Körperpflege.

Easy Peasy?

Damit du schnell den Aufwand eines Gerichts einschätzen kannst, findest bei jedem Rezept auch drei Kochmützen. Ist eine davon ausgefüllt, steht das für einen ganz geringen Aufwand, zwei ausgefüllte Kochmützen bedeuten einen mittleren Aufwand und bei drei ausgefüllten Kochmützen ist der Aufwand etwas höher.

Welche Ersatzprodukte gibt es?

Mir war es wichtig, in diesem Buch möglichst wenig Ersatzprodukte zu verwenden. Besonders das Kapitel „Immer schon vegan" kommt fast ohne Ersatzprodukte aus. Dennoch: Damit die Rezepte so abwechslungsreich wie möglich sind, findest du auch in diesem Buch Ersatzprodukte – allerdings nur solche, die mittlerweile Einzug in fast jeden Supermarkt gehalten haben. Die Auswahl an pflanzlichen Ersatzprodukten wächst stetig und lädt zum Probieren ein! Hier kommt ein kleiner Überblick:

ALTERNATIVEN ZU FLEISCH:

Tofu und Seitan sind wohl die bekanntesten Alternativen zu Fleisch. Beide sind zudem gute Eiweißquellen. Tofu wird aus eingeweichten Sojabohnen hergestellt, die mit Wasser püriert und anschließend gefiltert werden. Durch Gerinnung der Sojaflüssigkeit entsteht Tofu. Tofu ist sehr vielseitig einsetzbar, da er leicht Aromen von Gewürzen und Marinaden aufnimmt. Es gibt Tofu in unzähligen Variationen, darunter geräucherte und marinierte Sorten, die mit verschiedenen Kräutern und Gewürzen verfeinert sind.

beitet. Feines Granulat eignet sich besonders als Hackfleischalternative für Chili oder Bolognese. Grobe Schnetzel sind perfekt für Gulasch oder Geschnetzeltes. Sojaschnetzel müssen vor der Zubereitung ca. 30 Minuten in Wasser oder Brühe eingeweicht werden. Sie quellen auf und können dann einfach weiterverarbeitet werden. Wichtig auch hier: kräftig würzen!

Jackfrucht/Jackfruit: Die große Baumfrucht ist recht neu auf dem Markt. Ihre Fruchtstücke werden getrocknet und geschnetzelt oder in Dosen eingelegt angeboten. Das faserige Fruchtfleisch fühlt sich beim Essen ähnlich an wie manche Fleischsorten. Dank der Vielseitigkeit sind der kulinarischen Kreativität beim Einsatz von Jackfruit keine Grenzen gesetzt.

Kräuterseitlinge werden von mir und meiner Familie sehr geschätzt. Du wirst ihnen im Buch als Fleisch-Alternative begegnen und erstaunt sein, wie ähnlich die Konsistenz tatsächlich ist. Mit der richtigen Würze verarbeite ich sie zu „Fake-Speck" und als Alternative zu pulled Pork.

Seitan besteht aus Weizeneiweiß und hat eine fleischähnliche Konsistenz. Als Fleischalternative hat Seitan seinen Ursprung in Asien, wo er bis heute als pflanzliche Eiweißquelle einen Platz in der traditionellen Küche hat. Die Basis für Seitan ist Weizenmehl, aus dem Stärke und Kleber herausgewaschen werden, bist nur noch das Klebereiweiß übrig bleibt. Auf Basis von Seitanpulver lässt sich Fleischersatz ganz einfach zu Hause zubereiten. Der Geschmack von Seitan ist neutral, weshalb es sehr wichtig ist, dass er bei der Zubereitung kräftig gewürzt wird. Im Supermarkt gibt es mittlerweile ein großes Angebot an Würstchen, Aufschnitt und Schnitzel auf Seitanbasis.

Sojaschnetzel stammen ebenfalls von der Sojabohne. Es wird industriell aus entfettetem Sojamehl hergestellt – unter starker Pressung wird es zu unterschiedlich großen Stücken verar-

EINLEITUNG

ALTERNATIVE ZU MILCH UND MILCHPRODUKTEN:

Es gibt eine ganze Reihe pflanzlicher **Drinks**, die du statt Milch verwenden kannst, zum Beispiel aus Soja, Hafer, Reis oder Mandeln. Greife zu den ungesüßten Varianten – dann kannst du sie für alle Gerichte verwenden, ob süß oder herzhaft. All diese Drinks dürfen nicht als „Milch" verkauft werden, denn Milch ist die geschützte Bezeichnung für das tierische Produkt. Mit Ausnahme von Sojadrinks enthalten die pflanzlichen Milch-Alternativen deutlich weniger Eiweiß als Kuhmilch.

Vegane **Joghurt-Alternative** wird meist aus Soja hergestellt. Inzwischen gibt es auch Sorten, die auf Basis von Cashewkernen, Mandeln, Kokos, Hafer, Reis oder Lupinen gemacht sind. Die pflanzlichen Alternativen gibt es zudem in einer Vielzahl von Geschmacksrichtungen.

Vegane **Quark-Alternative** wird in der Regel ebenfalls aus Soja, Mandeln oder Cashewkernen hergestellt. Sojaquark kannst du aber auch ganz

einfach selbst herstellen: Fülle dafür Sojajoghurt in ein mit einem Kaffeefilter ausgelegtes Sieb und lasse ihn über Nacht im Kühlschrank abtropfen. Cremiger **Seidentofu** ist ebenfalls eine prima Quark-Alternative und dient als Basis für viele herzhaften Dips, aber auch für Süßspeisen wie Mousse au chocolat.

Vegane **Frischkäse-Alternative** hat praktisch dieselben Eigenschaften wie echter Frischkäse: Man kann sie aufs Brot streichen oder zum Kochen verwenden, es gibt sie aus Soja, Sonnenblumenkernen oder Mandeln, sowie in verschiedenen Geschmacksrichtungen.

Vegane **Crème fraîche** hat einen leicht säuerlichen Geschmack und wird meist aus Soja hergestellt.

Vegane **Sahne** gibt es auf Basis von Soja, Dinkel, Mandeln, Hafer, Reis oder Kokosnuss. In Geschmack und Cremigkeit steht vegane Sahne dem Original in nichts nach.

ALTERNATIVE ZU KÄSE:
Als Brotbelag wählen die meisten vegane Pflanzenaufstriche. Die gibt es in einer sehr großen Auswahl und in vielen Geschmacksrichtungen. Auch Mus auf der Basis von Erdnüssen, Mandeln oder Haselnüssen ist lecker auf dem Brot. Aus Cashewkernen lässt sich Käse-Ersatz herstellen, der entweder Frischkäse oder Schnittkäse ähnelt.

Es gibt auch industriell hergestellten, veganen Ersatz für Käse. Veganer Käse am Stück, als Scheiben oder „gerieben" basiert meist auf pflanzlichem Fett und Stärke, kombiniert mit Zusatzstoffen. Ein Blick aufs Etikett lohnt sich!

Hefeflocken (Nährhefe) sind der einfachste Käseersatz: Man verwendet sie wie Streukäse, die Hefe ergibt einen leicht käsigen Geschmack. Die Hefeflocken kannst du zum Beispiel über Nudeln streuen oder „Käsesaucen" damit verfeinern. Hefeflocken sind zudem eine gute Quelle für B-Vitamine.

Als würziger Parmesanersatz eignen sich gemahlene Nüsse gemischt mit Hefeflocken, die du ganz einfach selbst herstellen kannst (siehe Seite 44).

ALTERNATIVE ZU BUTTER:
Pflanzliche **Margarine** ist eine bewährte Alternative zu Butter – allerdings ist nicht jede Margarine vegan. Manche Sorten beinhalten beispielsweise Tiermilchbestandteile wie Buttermilch. Ein Blick auf die Zutatenliste verrät, ob die Margarine vegan ist. Die meisten Bioläden und Supermärkte bieten pflanzliche Alternativprodukte an, die Butter in Geschmack und Konsistenz sehr ähnlich sind.

Auch natives **Kokosöl** kannst du statt Butter zum Braten und Backen verwenden. Es hat einen dezenten Geschmack und wird ab einer Temperatur von 24 °C flüssig.

ALTERNATIVE ZU EI:
In Bioläden gibt es Ei-Ersatzpulver zu kaufen, das mit Wasser angerührt und statt Ei verwendet wird.

Beim Backen von Rührteig kann man pro Ei auch eine halbe reife Banane zerdrücken und zum Teig mischen. Im Rührteig kannst du statt einem Ei 80 Gramm Apfelmus verwenden.

Für den Eigeschmack: Kala Namak (Schwarz- oder Steinsalz) aus Indien enthält Schwefelverbindungen, die geschmacklich an gegartes Ei erinnern.

Das Salz gibt Speisen, die normalerweise Ei enthalten, den besonderen Geschmack. Kala Namak ist im Biosupermarkt erhältlich. Wichtig: dezent dosieren!

ALTERNATIVE ZU HONIG:
Zum Süßen kannst du zu flüssigen Süßungsmitteln wie Ahornsirup, Agavendicksaft oder Reissirup greifen oder ganz klassisch mit Zucker süßen.

ALTERNATIVE ZU GELATINE:
Agar-Agar wird aus Meeresalgen hergestellt. Das Pulver ist im Bioladen erhältlich und wird kurz mit etwas Flüssigkeit aufgekocht, bevor es anschließend geliert.

KOMPLETT VEGAN – WORAUF MUSS ICH ACHTEN?

Wer mit einer dauerhaft veganen Ernährung liebäugelt, sollte sich vorab bei seinem Arzt und bei einer Ernährungsfachkraft gut informieren, ob sie für einen geeignet ist und wie man alle notwendigen Nährstoffe in ausreichender Menge aufnehmen kann.

Da in der veganen Ernährung auf viele Lebensmittel verzichtet wird, fehlen auch einige Lieferanten für wichtige Nährstoffe. Vitamin B12 beispielsweise kommt nicht in ausreichender Menge in pflanzlichen Lebensmitteln vor. Es sollte bei dauerhafter veganer Ernährung über geeignete Präparate zugeführt werden. Weitere kritische Nährstoffe bei rein pflanzlicher Kost sind Eisen, Zink, Selen, Vitamin B2, Omega-3-Fettsäuren, Kalzium, Vitamin D und Jod. Auch die Deckung des Proteinbedarfs sollte geklärt sein. Besonders für Schwangere, Stillende, Kinder und Jugendliche ist eine Ernährungsberatung durch eine qualifizierte Fachkraft und einen Arzt daher unerlässlich.

Alles vegan, oder was?

In den meisten Fällen wird bei den Rezepten auf den Zusatz „vegan" bei den Zutaten verzichtet. Da es sich in diesem Buch sowieso um vegane Rezepte handelt, ist immer die vegane Variante gemeint – ob bei der Zutat „Butter-Alternative", „Senf" oder „Gemüsebrühe". Da mein Buch aber auch als Einstieg und Ausflug in die vegane Ernährung gedacht ist, kannst du deine Gemüsebrühe, deinen Senf und deinen Essig auch dann verwenden, wenn es nicht explizit als veganes Produkt gekennzeichnet ist und es deshalb möglicherweise im Produktionsprozess zum Einsatz von tierischen Produkten kam.

In der Praxis sollte man sich, egal ob Vegetarier, Veganer oder Mischköstler, mit seiner Ernährung auseinandersetzen und wissen, wie ein ausgewogener Speiseplan zusammengestellt werden kann. Wer täglich mindestens fünf Portionen Obst und Gemüse, Vollkorngetreide, Hülsenfrüchte, Nüsse und Samen zu sich nimmt, ist auf einem guten Weg und macht schon ganz vieles richtig.

Öfter mal vegan – probiere es gleich aus!

Bunt, lecker und abwechslungsreich: Aus welchen Gründen auch immer du öfter mal ein pflanzliches Gericht in den Speiseplan integrieren willst – mit meinen Rezepten kannst du mit deiner Familie vegan genießen und Neues entdecken. Der Start ist ganz einfach, viele Produkte, die von Natur aus schon vegan sind, wie Hülsenfrüchte, Nudeln oder Reis hast du bestimmt schon zu Hause. Bei deinem nächsten Einkauf kannst du dann pflanzliche Ersatzprodukte besorgen. Da die Auswahl an veganen Produkten mittlerweile in fast allen Supermärkten und Discountern groß ist, bedeutet das keinen großen Mehraufwand.

Lass dich von der veganen Küche überzeugen!

Als berufstätige Mutter ist mir klar: Die Gerichte müssen die Familie überzeugen und unkompliziert ohne großes Chichi auf den Tisch kommen. Das war mein Credo für alle Rezepte in diesem Buch. Damit wirst auch du deine Familie öfter mal für vegane Ernährung begeistern können. Garantiert!

Viel Freude beim Kochen und Genießen der pflanzlichen Gerichte!
Deine Christina

Quick & EASY

HUNGER HAT MAN, AUCH WENN WENIG ZEIT VORHANDEN IST

Zwischen Job, Terminen, Einkäufen und dem Abendessen liegt manchmal ganz schön wenig Zeit. Das interessiert das Hungergefühl aber mal so gar nicht! In diesem Kapitel findest du deshalb besonders einfache Rezepte, die eine maximale aktive Zubereitungszeit von 30 Minuten haben. Manche stehen in dieser Zeit sogar fix und fertig auf dem Tisch, bei anderen übernimmt der Ofen den Rest. Doch ob Curry, Suppe oder Burger – den Gerichten merkt man es auf jeden Fall nicht an, dass sie so leicht und schnell von der Hand gehen. Dafür nutze ich auch ab und an ein Fertigprodukt. Wenn du mehr Zeit hast, dann zeige ich dir auch Alternativen, um Pattys & Co. selbst herzustellen.

Wie hat's geschmeckt? ☆ ☆ ☆
Easy Peasy? 👨‍🍳 👨‍🍳 👨‍🍳

Gefüllte Avocado
MIT SCHARFER CASHEW-„MAYONNAISE"

Kochen muss nicht kompliziert sein! Diese bunt gefüllten Avocados sind ein einfaches Rezept, das ganz viel hermacht und das deine Familie lieben wird!

Für 4 Portionen

FÜR DIE CASHEW-
„MAYONNAISE"
(ERGIBT CA. 200 G)
150 g Cashewkerne
1 Knoblauchzehe
3 El Olivenöl
2 El Zitronensaft
Salz
½–1 Tl Chiliflocken
nach Belieben

FÜR DIE GEFÜLLTEN
AVOCADOS
4 reife Avocados
Saft von ½ Zitrone
3 Tomaten
50 g Mais aus dem Glas
1 Frühlingszwiebel
1 Bund Schnittlauch

**FERTIG IN:
CA. 30 MINUTEN**

1. Für die Mayonnaise die Cashewkerne mit heißem Wasser übergießen und 10 Minuten einweichen lassen. Anschließend abgießen und abtropfen lassen.

2. Inzwischen die Avocados halbieren und die Kerne entfernen. Das Fruchtfleisch mithilfe eines Löffels herauslösen, dabei einen kleinen Rand Fruchtfleisch stehen lassen. Die Avocadohälften mit Zitronensaft beträufeln. Das Fruchtfleisch klein würfeln und ebenfalls mit Zitronensaft beträufeln. Die Tomaten waschen, putzen und klein würfeln. Den Mais abtropfen lassen. Die Frühlingszwiebel waschen, putzen und in feine Ringe schneiden. Den Schnittlauch waschen, trocken schütteln und in Ringe schneiden.

3. Für die Mayonnaise die Knoblauchzehe schälen und fein hacken. Mit 90 ml Wasser, den Cashewkernen und den restlichen Zutaten in einer Küchenmaschine zu einer feinen Creme mixen.

4. Die vorbereitete Avocado-Füllung vorsichtig mit der Mayonnaise mischen, nochmals abschmecken und auf die Avocadohälften verteilen.

Für eine noch feinere Konsistenz der Mayonnaise kannst du die Cashewkerne bereits am Vorabend in kaltem Wasser einweichen.

14 QUICK & EASY

Wie hat's geschmeckt? ☆ ☆ ☆
Easy Peasy? 👨‍🍳 👨‍🍳 👨‍🍳

Bibimbap

KOREANISCHE GEMÜSEBOWL MIT SOJAHACK

Bibimbap ist ein beliebtes koreanisches Gericht. Als typisches Resteessen wird es mit Reis und verschiedenem Gemüse in einer Schüssel angerichtet. Ich serviere es mit pflanzlichem Hack und liebe Kimchi dazu – ebenfalls ein traditionelles koreanisches Gericht. Vor dem Essen wird dann alles miteinander vermischt.

Für 4 Portionen
200 g Basmatireis
Salz
150 g Baby-Blattspinat
2 Möhren
½ Salatgurke
1 Knoblauchzehe
½ Zwiebel
100 g Sojabohnensprossen
½ Bund Koriandergrün (ersatzweise Petersilie)
3 El Erdnussöl (ersatzweise Rapsöl)
400 g vegane Hackfleisch-Alternative
2 El Sojasauce
Pfeffer
2 El Sesam (schwarz und weiß)
Chiliflocken nach Belieben

ZUM SERVIEREN
150 g Kimchi (eingelegtes fermentiertes Gemüse, Fertigprodukt) nach Belieben

**FERTIG IN:
CA. 30 MINUTEN**

1. Den Reis in einem Topf mit 400 ml Salzwasser bei kleiner Hitze ca. 10 Minuten köcheln lassen, dann 5 Minuten quellen lassen.

2. Den Spinat verlesen, gründlich abspülen und abtropfen lassen. Die Möhren schälen und in Stifte schneiden. Die Gurke waschen und in Scheiben schneiden. Die Knoblauchzehe schälen und fein hacken. Die Zwiebel schälen und fein hacken. Die Sojabohnensprossen in ein Sieb geben, abspülen und abtropfen lassen. Den Koriander waschen, trocken schütteln und die Blätter grob hacken.

3. In einer beschichteten Pfanne 2 Esslöffel Öl erhitzen und den Knoblauch darin anschwitzen. Das Hack dazugeben und rundherum 5 Minuten braten. Mit Sojasauce, Salz und Pfeffer abschmecken. Herausnehmen und zwischen zwei Tellern warm halten.

4. Das restliche Öl in der Pfanne erhitzen, die Zwiebel anschwitzen. Den Spinat zugeben und zusammenfallen lassen. Mit Salz und Pfeffer würzen.

5. Reis, Hack, Spinat, Möhren, Gurke, Sojasprossen und nach Belieben Kimchi in Schüsseln anrichten. Mit Sesam und Koriander bestreut servieren. Nach Belieben mit Chiliflocken garnieren.

Wie hat's geschmeckt? ☆ ☆ ☆
Easy Peasy? 👨‍🍳 👨‍🍳 👨‍🍳

Portobello-Burger

Wer Pilze liebt, wird bei diesem riesigen Pilzvergnügen begeistert sein. Es funktioniert sowohl aus dem Backofen als auch vom Grill. Die Portobellopilze sind supersaftig, eignen sich perfekt als Bun und machen so das Burger-Feeling perfekt!

Für 4 Portionen
8 große Portobello-Pilze (ca. 600 g)
1 Tomate
1 Avocado
4 Salatblätter
2 El Rapsöl
Rauchsalz (ersatzweise Salz)
Pfeffer
4 vegane Pattys (FP, z. B. Bohnen- oder Linsenpattys)
150 g Hummus (FP)

FERTIG IN: CA. 20 MINUTEN

1. Die Pilze putzen. Die Tomate waschen, den Stielansatz herausschneiden und das Fruchtfleisch in Scheiben schneiden. Die Avocado halbieren, den Kern entfernen, das Fruchtfleisch mithilfe eines Löffels herauslösen und in Spalten schneiden. Die Salatblätter waschen und trocken schütteln.

2. In einer Pfanne 1 Esslöffel Öl erhitzen und die Pilze von beiden Seiten 4–5 Minuten braten. Mit Rauchsalz und Pfeffer würzen. Bei 80 °C (Ober-/Unterhitze) im Backofen zwischen zwei Tellern warm halten.

3. Das restliche Öl erhitzen und die Pattys nach Packungsanleitung braten.

4. Für die Burger 4 Pilze mit der Unterseite nach oben legen und mit dem Hummus bestreichen. Die Salatblätter, Tomatenscheiben, Pattys und Avocadospalten darauf verteilen. Die restlichen Pilze als Deckel obenauf setzen. Sofort servieren.

» Hummus selbst zu machen ist ganz leicht. Mixe dafür 240 g abgespülte Kichererbsen aus dem Glas mit 1 El Tahin (Sesampaste), 3 El Olivenöl, dem Saft ½ Zitrone und 50 ml Wasser in einer Küchenmaschine oder mit dem Stabmixer zu einer cremigen Paste und schmecke alles mit Salz, Pfeffer und Kreuzkümmel ab. «

QUICK & EASY

Wie hat's geschmeckt? ☆ ☆ ☆
Easy Peasy? 👨‍🍳 👨‍🍳 👨‍🍳

Gefüllte Zucchini
MIT QUINOA UND TOFU

Für meine Familie und mich liebe ich diese gefüllten Zucchini. Sie sind aromatisch, saftig und haben dank der Sonnenblumenkerne auch noch einen leckeren Crunch. Beim Füllen wandle ich auch manchmal ab. Wenn es zum Beispiel noch Pellkartoffeln vom Vortag gibt, lasse ich den Quinoa weg und nehme stattdessen geriebene Pellkartoffeln. So habe ich eine leckere Resteverwertung.

Für 4 Portionen
100 g Quinoa
Salz
4 große Zucchini (ca. 1 kg)
1 rote Spitzpaprika
60 g Mais aus dem Glas
60 g Tofu
½ Bund Petersilie
50 g Sonnenblumenkerne
2 El Olivenöl
Salz
Pfeffer
150 ml Gemüsebrühe

**FERTIG IN:
CA. 50 MINUTEN**
(DAVON CA. 30 MINUTEN BACKZEIT)

1. Den Quinoa in einem feinen Sieb unter fließend heißem Wasser gründlich waschen. Mit 200 ml leicht gesalzenem Wasser in einen Topf geben und aufkochen. Bei kleiner Hitze ca. 15 Minuten köcheln lassen. Vom Herd ziehen und zugedeckt 5 Minuten ausquellen lassen.

2. Inzwischen die Zucchini waschen, längs halbieren und aushöhlen. Das Fruchtfleisch klein würfeln. Die Spitzpaprika putzen, waschen und ebenfalls klein würfeln. Den Mais in einem Sieb abspülen. Den Tofu klein würfeln. Die Petersilie waschen, trocken schütteln und fein hacken. Den Backofen auf 180 °C (Umluft) vorheizen.

3. Quinoa mit Zucchinifruchtfleisch, Paprika, Mais, Tofu und Petersilie mischen. Die Sonnenblumenkerne und das Olivenöl unterheben. Mit Salz und Pfeffer würzen. Die Zucchinihälften salzen und pfeffern. Die Mischung in die ausgehöhlten Zucchini füllen.

4. Die gefüllten Zucchini in eine Auflaufform geben. Die Gemüsebrühe angießen. Im Backofen auf der mittleren Schiene 25–30 Minuten backen.

Wie hat's geschmeckt? ☆ ☆ ☆
Easy Peasy? 👨‍🍳 👨‍🍳 👨‍🍳

Maronensuppe
MIT KICHERERBSEN

Vorgegarte Maronen und Kichererbsen aus dem Glas haben wir mittlerweile immer vorrätig – der Suppe sei Dank! Wir lieben ihr Aroma und weil sie so schnell zubereitet ist, ist sie immer dann perfekt, wenn der Hunger groß, die Zeit aber knapp ist. Dazu noch eine Scheibe knuspriges Bauernbrot – einfach yummy!

Für 4 Portionen
1 große Zwiebel
1 Knoblauchzehe
6 El fruchtiges Olivenöl
500 g vorgegarte Maronen
400 g Kichererbsen aus dem Glas
200 g passierte Tomaten
2 Tl Salz
1 Tl Pfeffer

AUSSERDEM
½ Bund glatte Petersilie
2 Frühlingszwiebeln
1 Spritzer Zitronensaft zum Abschmecken

FERTIG IN: CA. 25 MINUTEN

1. Zwiebel und Knoblauch schälen und fein hacken. Das Öl in einem Topf erhitzen und beides darin etwa 5 Minuten unter Rühren andünsten.

2. Die Maronen grob hacken, hinzufügen und etwa 3 weitere Minuten anbraten. Kichererbsen in ein Sieb abgießen, abbrausen und abtropfen lassen. Zusammen mit den passierten Tomaten in den Suppentopf geben. Alles aufkochen und bei kleiner Hitze etwa 3 Minuten köcheln lassen, dabei ab und an umrühren.

3. 750 ml Wasser hinzugießen, dann Salz und Pfeffer unterrühren und alles aufkochen. Weitere 10 Minuten bei kleiner Hitze köcheln lassen, dabei ab und an umrühren.

4. Währenddessen die Petersilie waschen, trocken schütteln und die Blättchen hacken. Frühlingszwiebeln waschen, putzen und in feine Ringe schneiden.

5. Die Suppe mit Zitronensaft abschmecken, auf Teller verteilen und mit Petersilie und Frühlingszwiebeln bestreut servieren.

Besonders cremig wird die Suppe, wenn du einen Teil der Einlage pürierst – ich mache es mal so und mal so.

QUICK & EASY

Wie hat's geschmeckt? ☆ ☆ ☆
Easy Peasy? 👨‍🍳 👨‍🍳 👨‍🍳

Massaman-Curry

So gut ein aufwendiges Curry auch sein mag, manchmal muss es einfach schnell gehen. Genau da kommt das schnelle Massaman-Curry mit Kartoffeln, Sojaschnetzeln und Erbsen ins Spiel. Auf leckeres Curry soll niemand verzichten müssen!

Für 4 Portionen
100 g grobe Sojaschnetzel
300 ml heiße Gemüsebrühe
1 Zwiebel
1 Knoblauchzehe
400 g Kartoffeln
2 El Kokosöl (ersatzweise Rapsöl)
4 El Massaman-Currypaste (ersatzweise rote Thai-Currypaste)
2 Dosen Kokosmilch (à 400 ml)
100 g Erdnüsse
200 g TK-Erbsen
Salz
Pfeffer
2 El Sojasauce
4 Stiele Koriandergrün (ersatzweise Petersilie)

AUSSERDEM
Basmatireis zum Servieren

**FERTIG IN:
CA. 30 MINUTEN**

1. Die Sojaschnetzel mit der heißen Gemüsebrühe übergießen und 15 Minuten quellen lassen. Abgießen und abtropfen lassen.

2. Inzwischen die Zwiebel und Knoblauchzehe schälen und fein hacken. Die Kartoffeln schälen und würfeln.

3. Das Öl in einem Topf erhitzen und Zwiebel und Knoblauch darin anschwitzen. Die Kartoffeln und die Currypaste zufügen und kurz anbraten. Mit Kokosmilch aufgießen. Bei mittlerer Hitze 20 Minuten köcheln lassen, bis die Kartoffeln gar sind. Inzwischen die Erdnüsse in einer Pfanne ohne Fett goldbraun anrösten.

4. Erbsen und Sojaschnetzel zum Curry geben und alles weitere 5 Minuten köcheln lassen. Mit Salz, Pfeffer und Sojasauce abschmecken.

5. Koriander waschen, trocken schütteln und die Blätter abzupfen. Das Curry mit Koriander und Erdnüssen bestreuen und mit Basmatireis servieren.

Wenn du es leichter magst, kannst du die Hälfte der Kokosmilch durch Gemüsebrühe ersetzen.

QUICK & EASY

Wie hat's geschmeckt? ☆ ☆ ☆
Easy Peasy? 👨‍🍳 👨‍🍳 👨‍🍳

BBQ-Bohneneintopf
MIT „SOUR CREAM" UND MAIS-CHIPS

Bohnen mögen wir in allen Farben – klar, dass das Gericht zu unseren Lieblingen gehört. Der würzige Grünkern gibt dem Eintopf dazu noch ein wunderbar herzhaftes Aroma. Serviert mit knusprigen Mais-Chips steht damit dem veganen Vergnügen nichts mehr im Wege.

Für 4 Portionen

FÜR DEN EINTOPF
1 Zwiebel, 1 Knoblauchzehe
2 El Rapsöl
2 El Tomatenmark
1 Tl geräuchertes Paprikapulver
130 g geschroteter Grünkern
500 ml Gemüsebrühe
1 Dose stückige Tomaten (400 g)
Salz, Pfeffer
je 1 Glas Kidney- und schwarze Bohnen (Abtropfgewicht je 240 g)
4 Frühlingszwiebeln

FÜR DIE SOUR CREAM
200 g Quark-Alternative
100 g Frischkäse-Alternative
1 Knoblauchzehe
1 El Apfelessig, Salz, Pfeffer

AUSSERDEM
125 g Mais-Chips

**FERTIG IN:
CA. 30 MINUTEN**

1. Die Zwiebel und die Knoblauchzehe schälen und fein hacken. Das Öl in einem Topf erhitzen und Zwiebel und Knoblauch darin anschwitzen. Tomatenmark, Paprikapulver und Grünkern zugeben und kurz anbraten. Die Brühe aufgießen und die Tomaten zugeben. Mit Salz und Pfeffer würzen. Bei kleiner Hitze zugedeckt 25 Minuten köcheln lassen. Zwischendurch umrühren.

2. Für die Sour Cream die Quark- und Frischkäse-Alternative verrühren. Die Knoblauchzehe schälen und durch eine Presse dazudrücken, dann mit dem Apfelessig unterrühren. Die Sour Cream mit Salz und Pfeffer abschmecken.

3. Beide Bohnensorten in ein Sieb abgießen, abspülen und abtropfen lassen. Zum Eintopf geben und darin erhitzen. Die Frühlingszwiebeln waschen, putzen und schräg in Streifen schneiden. Den Eintopf nochmals abschmecken. Mit Frühlingszwiebeln, Sour Cream und Tortilla-Chips servieren.

Wie hat's geschmeckt? ☆ ☆ ☆
Easy Peasy?

Kichererbsen-„Omelett"
MIT AVOCADO UND TOMATEN

Fluffige Kichererbsenomeletts gefüllt mit cremiger Avocado und aromatischen Tomaten … wer kann zu so einem grandiosen pflanzlichen Gericht schon nein sagen? Wir nicht!

Für 4 Portionen
150 g Kichererbsenmehl
½ Tl Kala Namak
½ Tl gemahlene Kurkuma
1 Tl Backpulver
Salz
Pfeffer
320 ml Sojadrink
2 Avocados
1 El Zitronensaft
150 g Kirschtomaten
1 Handvoll Basilikumblätter

AUSSERDEM
4 El Rapsöl zum Ausbraten

**FERTIG IN:
CA. 40 MINUTEN**

1. Kichererbsenmehl mit Kala Namak, Kurkuma, Backpulver, etwas Salz und Pfeffer in einer Schüssel miteinander vermischen. Den Sojadrink hinzugeben und alles zu einem glatten Teig verrühren. Etwa 10 Minuten lang quellen lassen.

2. Inzwischen die Avocados halbieren, die Kerne entfernen und das Fruchtfleisch herauslösen. In Spalten schneiden und mit Zitronensaft beträufeln. Die Tomaten waschen, halbieren und die Stielansätze herausschneiden. Basilikum waschen und trocken schütteln.

3. 1 Esslöffel Rapsöl in einer beschichteten Pfanne erhitzen. Ein Viertel des Teiges hineingeben und das Omelett bei mittlerer Hitze zugedeckt 2–3 Minuten backen. Mithilfe des Deckels wenden und offen in ca. 2 Minuten fertig backen. Aus der Pfanne nehmen und warm halten. Mit dem restlichen Teig 3 weitere Omeletts backen.

4. Je ein Viertel der Avocados, Tomaten und des Basilikums auf einer Hälfte des Omeletts verteilen. Mit Salz und Pfeffer würzen, umklappen und sofort servieren.

Wie hat's geschmeckt? ☆ ☆ ☆
Easy Peasy? 👨‍🍳 👨‍🍳 👨‍🍳

Kürbis-Orangen-Suppe
MIT INGWER

Die leuchtend gelbe Suppe bringt in jeden noch so trüben Tag Energie und gute Laune. Sie lässt sich auch super portionsweise einfrieren. Dafür nehme ich übrigens auch gerne Schraubgläser. Wichtig ist nur, dass sie nicht randvoll gefüllt werden, damit sie nicht platzen. Mit 2 cm Abstand zum Rand ist mir das aber noch nie passiert.

Für 4 Portionen
1 Hokkaido-Kürbis
2 Zwiebeln
1 Stück Ingwer (3 cm)
4 El Olivenöl
2 Tl Currypulver
1 Tl Kurkuma
1 l Gemüsebrühe
2 Orangen (1 davon unbehandelt)
100 ml Kokosmilch
Salz
Pfeffer

**FERTIG IN:
CA. 30 MINUTEN**

1. Den Kürbis waschen, halbieren, die Kerne und den Stielansatz entfernen und das Fruchtfleisch grob würfeln. Die Zwiebeln schälen und grob würfeln, Ingwer schälen und in dünne Scheiben schneiden.

2. Das Olivenöl in einem großen Topf erhitzen, Zwiebeln, Ingwer und Kürbis darin andünsten, die Gewürze zugeben und kurz mitbraten. Mit der Gemüsebrühe ablöschen und ca. 5 Minuten köcheln lassen.

3. Die unbehandelte Orange heiß waschen, abtrocknen und die Schale abreiben. Beide Orangen auspressen. Den Saft und die abgeriebene Schale in die Suppe geben. Alles ca. 10 Minuten köcheln lassen. Die Kokosmilch zugeben und die Suppe fein pürieren. Mit Salz und Pfeffer abschmecken und die Suppe noch ca. 2 Minuten ziehen lassen.

Wie dick oder dünn eine Suppe sein soll, da bestehen bekannterweise unterschiedliche Vorlieben. Gieße also einfach etwas mehr Brühe in die Suppe, wenn du sie dünner magst oder der Kürbis etwas größer ausgefallen ist.

Wie hat's geschmeckt? ☆ ☆ ☆
Easy Peasy? 👨‍🍳 👨‍🍳 👨‍🍳

Gnocchipfanne
MIT TOMATEN UND PINIENKERNEN

Einfach und schnell zauberst du mit gekauften Gnocchi ein herzhaftes Mittagessen. Saucen-Fans können zusätzlich 150 g pflanzliche Frischkäse-Alternative unterrühren. Und wenn du die Gnocchi selbst machen möchtest, findest du auch dafür unten das Rezept!

Für 4 Portionen
40 g Pinienkerne
Salz
1 Schalotte
1 Knoblauchzehe
400 g Kirschtomaten
2 El Olivenöl
500 g vegane Gnocchi (Fertigprodukt)
Pfeffer
100 g Rucola
2 El Hefeflocken nach Belieben

FERTIG IN: CA. 20 MINUTEN

1. Die Pinienkerne in einer Pfanne ohne Fett goldbraun anrösten und anschließend beiseitestellen. Reichlich Salzwasser in einem Topf zum Kochen bringen.

2. In der Zwischenzeit Schalotte und Knoblauchzehe schälen und fein hacken. Die Tomaten waschen, die Stielansätze herausschneiden und die Früchte halbieren.

3. Das Öl in einer Pfanne erhitzen und Zwiebel und Knoblauch darin glasig anschwitzen. Die Tomaten zufügen und 3 Minuten dünsten. Mit Salz und Pfeffer würzen.

4. Die Gnocchi im Salzwasser nach Packungsanleitung ca. 1 Minute gar ziehen lassen. Abgießen und unter die Tomaten mischen.

5. Den Rucola putzen, waschen, trocken schütteln und untermischen. Alles nochmals abschmecken. Mit Pinienkernen und nach Belieben mit würzigen Hefeflocken bestreuen und servieren.

REZEPT FÜR SELBST GEMACHTE GNOCCHI

Für 4 Portionen
800 g mehligkochende Kartoffeln
Salz
frisch geriebene Muskatnuss
ca. 200 g Dinkelmehl (Type 630)

1. Für die Gnocchi die Kartoffeln waschen und in kochendem Salzwasser 25–30 Minuten gar kochen. Dann abgießen, ausdampfen lassen, noch heiß schälen und durch eine Kartoffelpresse auf eine dünn mit Mehl bestreute Arbeitsfläche drücken.

2. Die Masse leicht salzen und mit Muskat würzen. Etwas abkühlen lassen und nach und nach so viel Mehl unterkneten, bis ein glatter, homogener Teig entsteht. Nicht zu viel Mehl unterkneten, sonst wird der Teig zäh.

AUSSERDEM
Mehl für die Arbeitsfläche

**FERTIG IN:
CA. 50 MINUTEN**

3. Reichlich Salzwasser in einem Topf aufkochen. Den Teig vierteln und mit bemehlten Händen vorsichtig zu vier Rollen formen. Diese in 2 cm breite Stücke schneiden. Nach Belieben für die typische Gnocchi-Form die Teigstücke mit einem Gabelrücken leicht eindrücken. Dann auf ein bemehltes Brett geben und portionsweise im siedenden Salzwasser garen, bis sie an die Oberfläche steigen. Mit einer Schaumkelle herausholen und abtropfen lassen.

QUICK & EASY

Besonders
HERZHAFT

AUCH VEGANER HABEN BEDÜRFNISSE …

… nach Röstaromen, knusprig Überbackenem, deftigem Street- und wahrem Soulfood! In diesem Kapitel findest du vom „Schnitzel" mit Bratkartoffeln und Gurkensalat über angesagte Chili Cheese Fries & Burger bis zur veganen Variante von Köttbullar lauter Rezepte, die auf Gelüste nach richtig deftiger traditioneller Hausmannskost und souligem Streetfood zugeschnitten sind und nach deren Genuss du dir selig lächelnd den Bauch streicheln wirst.

Wie hat's geschmeckt? ☆ ☆ ☆
Easy Peasy? 👨‍🍳 👨‍🍳 👨‍🍳

Linseneintopf
MIT RAUCHMANDELN

So ein deftiger Linseneintopf kommt nie aus der Mode! Ich habe ihn zeitgemäß interpretiert mit zweierlei Linsen und knusprig rauchigen Mandeln. Ist einfach gekocht, supersättigend und schmeckt bombe!

1. Die Zwiebel schälen und fein hacken. Den Staudensellerie waschen, putzen und die Blätter abzupfen. Den Stiel klein würfeln. Das Selleriegrün in Streifen schneiden und beiseitelegen. Die Möhren und Kartoffeln waschen, schälen und ebenfalls klein würfeln.

2. Das Öl in einer Pfanne erhitzen und die Zwiebel darin anschwitzen. Das Gemüse und die Berglinsen zufügen und kurz anbraten. Mit der Hälfte der Gemüsebrühe aufgießen und bei mittlerer Hitze 20 Minuten köcheln lassen. Die roten Linsen und die übrige Brühe zufügen und weitere 10 Minuten köcheln lassen. Mit Senf, Essig, Salz und Pfeffer abschmecken.

3. Die Mandeln grob hacken. Den Eintopf auf Teller verteilen und mit Selleriegrün und Mandeln bestreut servieren. Dazu Fladenbrot reichen.

Nach Belieben kannst du den Eintopf mit veganen Würstchen servieren. Schneide sie einfach vorher in Scheiben und erhitze sie mit im Topf.

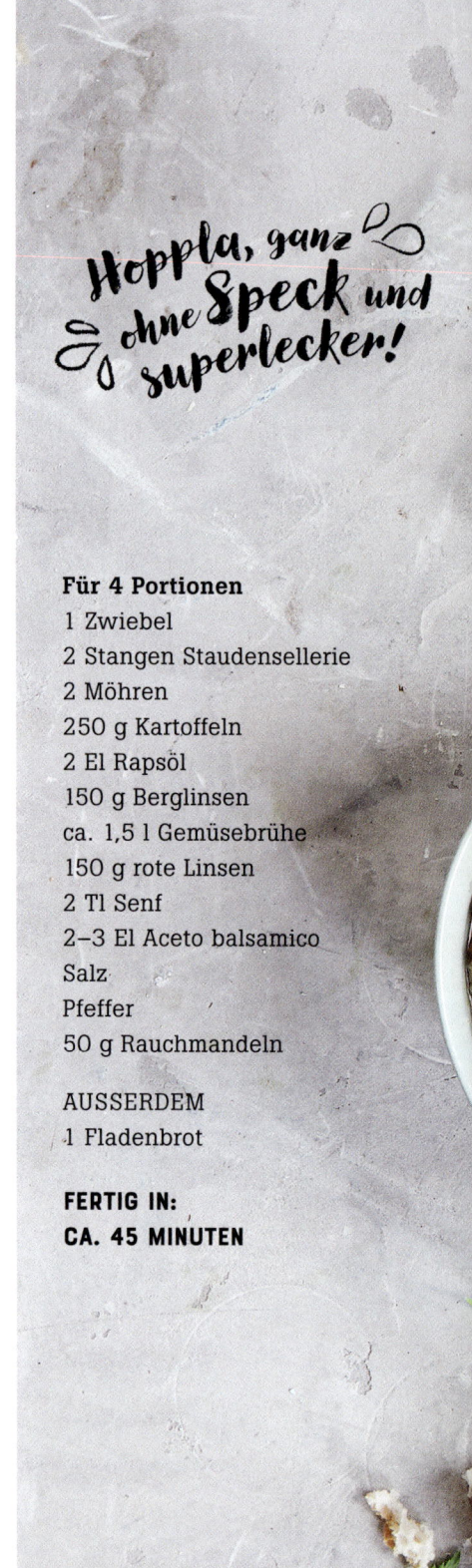

Hoppla, ganz ohne Speck und superlecker!

Für 4 Portionen
1 Zwiebel
2 Stangen Staudensellerie
2 Möhren
250 g Kartoffeln
2 El Rapsöl
150 g Berglinsen
ca. 1,5 l Gemüsebrühe
150 g rote Linsen
2 Tl Senf
2–3 El Aceto balsamico
Salz
Pfeffer
50 g Rauchmandeln

AUSSERDEM
1 Fladenbrot

**FERTIG IN:
CA. 45 MINUTEN**

Wie hat's geschmeckt? ☆☆☆
Easy Peasy? 👨‍🍳👨‍🍳👨‍🍳

Linsenbällchen
MIT „RAHM"-SAUCE UND KARTOFFELPÜREE

Diese herzhaften Linsenbällchen stehen den Fleischbällchen unserer schwedischen Nachbarn in nichts nach. Ganz klassisch serviere ich dazu Rahmsauce, Kartoffelpüree und natürlich Preiselbeeren.

Für 4 Portionen (ca. 20 Stück)

FÜR DIE LINSENBÄLLCHEN
100 g Berglinsen
Salz, 1 Zwiebel
1 Knoblauchzehe
150 g Champignons
1 El Olivenöl
40 g feinblättrige Haferflocken
2 Tl scharfer Senf
1 Tl geräuchertes Paprikapulver, Pfeffer

FÜR DIE RAHMSAUCE
60 g Butter-Alternative
40 g Mehl
300 ml Gemüsebrühe
400 ml Hafer-Sahne-Alternative
2 El Hefeflocken
½ Tl scharfer Senf
1 Tl Sojasauce
Salz, Pfeffer

FÜR DEN KARTOFFELBREI
1 kg mehligkochende Kartoffeln
Salz

1. Die Linsen mit 300 ml Salzwasser ca. 30 Minuten gar kochen. Bei Bedarf etwas Wasser zugießen. Vom Herd nehmen und 5 Minuten ausquellen lassen. Gegebenenfalls übriges Wasser abgießen.

2. Die Zwiebel und Knoblauchzehe schälen und fein hacken. Die Pilze putzen und klein würfeln. Das Öl in einer beschichteten Pfanne erhitzen und Zwiebel und Knoblauch darin anschwitzen. Pilze zufügen und 5–8 Minuten braten. Vom Herd nehmen und etwas abkühlen lassen.

3. Die Pilzmischung mit Linsen und den übrigen Zutaten für die Bällchen in einer Küchenmaschine oder mit dem Stabmixer grob pürieren. Kräftig mit Salz und Pfeffer abschmecken.

4. Den Backofen auf 200 °C (Ober-/Unterhitze) vorheizen und ein Backblech mit Backpapier belegen. Aus der Masse ca. 20 Bällchen formen und auf das Backpapier setzen. Auf der mittleren Schiene 20–25 Minuten backen, zwischendurch wenden.

5. Für die Rahmsauce die Butter-Alternative in einem Topf schmelzen lassen. Das Mehl zufügen und anschwitzen. Die Gemüsebrühe und Hafersahne unter Rühren zugießen. Alles aufkochen und bei mittlerer Hitze ca. 10 Minuten köcheln lassen. Mit Hefeflocken, Senf, Sojasauce, Salz und Pfeffer abschmecken.

6. Für den Kartoffelbrei die Kartoffeln schälen, waschen, vierteln und in gesalzenem Wasser zugedeckt 15–20 Minuten gar kochen.

BESONDERS HERZHAFT

100 ml Pflanzendrink
(z. B. Hafer)
100 g Butter-Alternative
Pfeffer
frisch geriebene
Muskatnuss

AUSSERDEM
Preiselbeeren aus dem Glas
zum Servieren

**FERTIG IN:
CA. 1 STUNDE 25
(DAVON CA. 25 MINUTEN
BACKZEIT)**

7. Inzwischen den Pflanzendrink und die Butter-Alternative in einem Topf erhitzen. Die Kartoffeln abgießen und durch die Kartoffelpresse drücken oder mit dem Kartoffelstampfer zerkleinern. Die heiße Pflanzendrinkmischung nach und nach unter die Kartoffeln rühren. Mit Salz, Pfeffer und Muskat würzen.

8. Die Linsenbällchen mit Kartoffelbrei und Rahmsauce servieren. Dazu Preiselbeeren reichen.

BESONDERS HERZHAFT

Wie hat's geschmeckt? ☆ ☆ ☆
Easy Peasy? 👨‍🍳 👨‍🍳 👨‍🍳

Gemüse-Chili
MIT BULGUR

Ein „Chili sin" ganz ohne Sojaschnetzel ist auch was Feines! Meinen zumindest wir. Die Zutaten dafür finden sich (fast) alle sowieso im Vorratsschrank und wenn es mal keine Pastinaken gibt, dann nehme ich stattdessen einfach eine halbe Knolle Sellerie.

Für 4 Portionen
1 Zwiebel
1 Knoblauchzehe
1 rote scharfe Chilischote
3 Möhren
2 große Pastinaken (ca. 250 g)
2 El Olivenöl
2 El Tomatenmark
1 Tl Paprikapulver
400 ml Gemüsebrühe
1 Dose gehackte Tomaten (ca. 400 g)
1 Prise Zucker
Salz
Pfeffer
200 g Bulgur
1 Glas Kidneybohnen (Abtropfgewicht ca. 240 g)
1 Glas Mais (Abtropfgewicht ca. 285 g)

FERTIG IN: CA. 35 MINUTEN

1. Die Zwiebel und Knoblauchzehe schälen und fein hacken. Chilischote halbieren, waschen, putzen und fein hacken. Die Möhren und die Pastinaken putzen, schälen und in ca. 1 cm große Würfel schneiden.

2. Das Öl in einem großen Topf erhitzen, Zwiebel, Knoblauch und Chilischote anschwitzen. Tomatenmark und Paprikapulver zugeben und kurz anbraten. Möhren und Pastinaken zufügen, Gemüsebrühe aufgießen und Tomatenstücke zugeben. Mit Zucker, Salz und Pfeffer würzen und 10 Minuten bei kleiner Hitze köcheln lassen. Dabei ab und an umrühren.

3. Inzwischen den Bulgur in 400 ml leicht gesalzenem Wasser aufkochen und 5–10 Minuten köcheln lassen. Zugedeckt ausquellen lassen.

4. Kidneybohnen und Mais in ein Sieb abgießen, abspülen, abtropfen lassen und zum Chili geben. Weitere 5 Minuten köcheln lassen. Nochmals abschmecken. Das Gemüse-Chili mit dem Bulgur servieren.

» Mit einem Esslöffel geriebener veganer Zartbitterschokolade kannst du das Chili noch mal raffiniert abrunden. Manchmal steht mir der Sinn danach, dann rühre ich diese zum Schluss hinein. «

BESONDERS HERZHAFT

Wie hat's geschmeckt? ☆ ☆ ☆
Easy Peasy? 👨‍🍳 👨‍🍳 👨‍🍳

Szegediner Jackfrucht-Gulasch
MIT KARTOFFELN

Lust auf Soulfood? Wie wäre es mit diesem wärmenden Gulasch? Den Klassiker der ungarischen Küche serviere ich mit Jackfrucht, deren Fruchtfleisch von der Konsistenz ähnlich dem von Fleisch ist. Jackfrucht gibt es mittlerweile quasi überall – probiere es unbedingt mal aus!

Für 4 Portionen
500 g mehligkochende Kartoffeln
2 Zwiebeln
1 Knoblauchzehe
2 El Rapsöl
400 g Jackfrucht natur
2 El Tomatenmark
500 ml Gemüsebrühe
500 ml passierte Tomaten
1 Lorbeerblatt
400 g Sauerkraut
2 Tl Paprikapulver
1 Tl Kümmelsamen
1 Tl getrockneter Majoran
Salz
Pfeffer

AUSSERDEM
¼ Bund Petersilie
150 g Crème-fraîche-Alternative (oder Joghurt-Alternative)

**FERTIG IN:
CA. 45 MINUTEN**

1. Die Kartoffeln schälen und klein schneiden. Die Zwiebeln und die Knoblauchzehe schälen und fein würfeln.

2. Das Öl in einer Pfanne erhitzen und Zwiebeln und Knoblauch darin anschwitzen. Jackfrucht und Kartoffeln zugeben und anbraten. Tomatenmark zufügen. Mit Gemüsebrühe und passierten Tomaten aufgießen, das Lorbeerblatt dazugeben und alles 15 Minuten köcheln lassen.

3. Das Sauerkraut abtropfen lassen und zur Jackfrucht geben. Die Gewürze zufügen und weitere 15 Minuten köcheln lassen. Das Lorbeerblatt entfernen und das Gulasch mit Salz und Pfeffer abschmecken.

4. Die Petersilie waschen, trocken schütteln und fein hacken. Das Gulasch mit Petersilie bestreuen und mit einem Klecks Crème fraîche servieren.

BESONDERS HERZHAFT

Wie hat's geschmeckt? ☆ ☆ ☆
Easy Peasy? 👨‍🍳 👨‍🍳 👨‍🍳

Spaghetti
MIT BOHNENBÄLLCHEN UND MANDEL-„PARMESAN"

Die Bohnenbällchen sind würzig, herzhaft und wunderbar saftig. Zusammen mit der fruchtigen Tomatensauce und leckeren Mandeln ist ein einfaches und veganes Mittagessen garantiert.

Für 4 Portionen

FÜR DIE BOHNENBÄLLCHEN
2 Dosen Kidneybohnen
(Abtropfgewicht je 240 g)
100 g Seitanpulver
1 Tl getrockneter Oregano
1 Tl Knoblauchpulver
2 El Sojasauce
Salz, Pfeffer, 3 El Olivenöl

FÜR DIE SAUCE
1 Knoblauchzehe
2 El Olivenöl
400 g gehackte Tomaten
Salz, Pfeffer
½ Bund Basilikum

FÜR DEN MANDEL-
„PARMESAN"
50 g Mandeln
2 El Hefeflocken
½ Tl Knoblauchpulver
1 Prise Salz

AUSSERDEM
400 g Spaghetti, Salz

**FERTIG IN:
CA. 50 MINUTEN**

1. Für die Bällchen die Bohnen in ein Sieb abgießen, abspülen und abtropfen lassen. Mit einer Gabel grob zerdrücken. Das Seitanpulver, 110 ml Wasser und Gewürze zufügen und gleichmäßig verkneten. Mit Salz und Pfeffer abschmecken. Aus der Masse 12 Bällchen formen.

2. Für die Sauce die Knoblauchzehe schälen und fein hacken. Das Öl in einem Topf erhitzen und den Knoblauch darin anschwitzen. Die Tomaten zufügen, salzen und pfeffern. Zugedeckt bei kleiner Hitze ca. 10 Minuten köcheln lassen.

3. Für den Mandel-„Parmesan" alle Zutaten in einem Blitzhacker fein vermahlen.

4. Die Spaghetti in reichlich kochendem Salzwasser nach Packungsanleitung al dente kochen. Abgießen und abtropfen lassen.

5. Die Bällchen im erhitzten Öl in einer beschichteten Pfanne rundherum ca. 8 Minuten braten, dann in die Sauce geben. Basilikum waschen, trocken schütteln und die Blätter abzupfen. Unter die Sauce mischen.

6. Die Spaghetti mit den Bohnenbällchen servieren und mit dem Mandel-„Parmesan" bestreuen.

BESONDERS HERZHAFT

Wie hat's geschmeckt? ☆ ☆ ☆
Easy Peasy? 👨‍🍳 👨‍🍳 👨‍🍳

Kohlrabischnitzel
MIT BRATKARTOFFELN UND GURKENSALAT

Würzige Kohlrabischnitzel mit knusprigen Bratkartoffeln und frischem Gurken-Dill-Salat – so sieht ein perfekter veganer Schnitzelteller aus!

Für 4 Portionen

FÜR BRATKARTOFFELN UND SCHNITZEL
500 g festkochende Kartoffeln
Salz
2 große Kohlrabi
200 ml Soja-Sahne-Alternative
100 g Mehl
½ Tl Kala Namak
100 g Semmelbrösel
70 g Mandelblättchen
¼ Tl Paprikapulver edelsüß
Pfeffer

FÜR DEN GURKENSALAT
1 Salatgurke
1 rote Zwiebel
3 El Weißweinessig
2 El Rapsöl
3 El Soja-Sahne-Alternative
1 Tl Ahornsirup
Salz
Pfeffer
6 Stängel Dill

1. Die Kartoffeln waschen und in Salzwasser bei mittlerer Hitze 25–30 Minuten gar kochen. Abgießen, kurz ausdampfen lassen, pellen und in Scheiben schneiden. Anschließend komplett auskühlen lassen.

2. Für den Gurkensalat die Gurke waschen, putzen und in Scheiben schneiden. Die Zwiebel schälen und in feine Ringe schneiden. Essig, Öl, Soja-Sahne und Ahornsirup verquirlen. Mit Salz und Pfeffer abschmecken. Den Dill waschen, trocken schütteln und fein hacken.

3. Die Gurke mit Zwiebelringen, Dill und Dressing vermischen, anschließend nochmals abschmecken.

4. Die Kohlrabi schälen und in ca. 1 cm dicke Scheiben schneiden. Salzwasser in einem Topf zum Kochen bringen und die Kohlrabischeiben ca. 5 Minuten blanchieren. Herausheben und trocken tupfen.

5. In einem tiefen Teller Soja-Sahne, Mehl und Kala Namak glatt zu einer zähflüssigen Masse verquirlen. In einem weiteren Teller Semmelbrösel, Mandeln und Paprikapulver vermischen.

6. Die Kohlrabischeiben mit Salz und Pfeffer würzen und nacheinander zuerst in der Mehlmasse und dann in der Semmelbröselmischung wälzen. Auf einem Teller beiseitestellen.

7. In einer Pfanne 1 Esslöffel Öl erhitzen. Die Kartoffeln zufügen, mit Salz und Pfeffer würzen und rundherum ca. 10 Minuten goldbraun braten. Herausnehmen und zugedeckt warm halten.

BESONDERS HERZHAFT

AUSSERDEM
Rapsöl zum Ausbraten
Zitronenscheiben zum Servieren

FERTIG IN:
1 STUNDE 30 MINUTEN
(DAVON CA. 30 MINUTEN KOCHZEIT UND 30 MINUTEN AUSKÜHLZEIT)

8. Ausreichend weiteres Öl in der Pfanne erhitzen und die Kohlrabischnitzel portionsweise von jeder Seiten ca. 3 Minuten braten.

9. Die Bratkartoffeln mit Kohlrabischnitzel und Zitronenscheiben anrichten. Den Gurkensalat dazu servieren.

BESONDERS HERZHAFT 47

Wie hat's geschmeckt? ☆☆☆
Easy Peasy? 👨‍🍳👨‍🍳👨‍🍳

VEGANE
Pasta Carbonara

Das vegane Carbonara-Rezept schmeckt zwar nicht eins zu eins wie das Original, aber als Alternative ohne tierische Produkte ist es definitiv zu empfehlen! Schön cremig und aromatisch lieben wir auch dieses Pasta-Rezept. Und schön schnell geht's auch!

Für 4 Portionen
200 g Räuchertofu
2 Knoblauchzehen
500 g Spaghetti
Salz
2 El Olivenöl
400 ml Soja-Sahne-Alternative
2 El Hefeflocken
Pfeffer

AUSSERDEM
frisch gehackte Petersilie zum Servieren

**FERTIG IN:
CA. 30 MINUTEN**

1. Den Räuchertofu klein würfeln. Den Knoblauch schälen und fein hacken.

2. Inzwischen die Spaghetti in reichlich kochendem Salzwasser nach Packungsanleitung al dente kochen. Abgießen, dabei etwas Kochwasser auffangen.

3. In einer Pfanne das Öl erhitzen und die Tofuwürfel 8–10 Minuten rundherum knusprig braten. Den Knoblauch zufügen und weitere 2 Minuten braten. Mit Soja-Sahne ablöschen. Die Hefeflocken unterrühren und alles mit Salz und Pfeffer kräftig abschmecken. Die Spaghetti untermischen. Falls die Mischung zu trocken ist, bei Bedarf etwas Kochwasser zufügen.

4. Auf Teller verteilen, mit frisch gemahlenem Pfeffer bestäuben und mit frisch gehackter Petersilie sofort servieren.

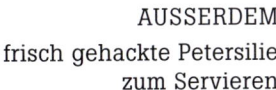

Wenn du Lust hast, serviere dazu Cashew-Parmesan. Das Rezept findest du auf Seite 72.

BESONDERS HERZHAFT

Wie hat's geschmeckt? ☆ ☆ ☆
Easy Peasy? 👨‍🍳 👨‍🍳 👨‍🍳

Burger
MIT LINSENPATTY UND COLESLAW

Zwischen zwei Burgerbrötchen warten ein würzig-herzhaftes Linsenpatty und selbst gemachter aromatischer Coleslaw. Ich kenne niemanden, der bei diesem Essen nicht schwach wird!

Für 4 Portionen

FÜR DIE BURGER
150 g Berglinsen
Salz
1 Knoblauchzehe
1 rote Spitzpaprika
2 El Olivenöl
Pfeffer
4–5 El Leinmehl
1 Tl geräuchertes Paprikapulver
1 Tl gemahlener Kreuzkümmel
4 Burger-Brötchen
4 Romana-Salatblätter
4 El vegane Mayonnaise (FP oder die Cashew-Mayonnaise von S. 14)
2 El Ketchup

FÜR DEN COLESLAW
400 g Weißkohl
½ Tl Salz
2 Möhren
2 Schalotten
4 El vegane Mayonnaise
50 g Joghurt-Alternative

1. Für die Pattys die Linsen in 500 ml Salzwasser aufkochen und bei kleiner Hitze ca. 30 Minuten köcheln lassen. Abgießen, abtropfen und etwas abkühlen lassen.

2. Für den Coleslaw den Weißkohl putzen, in feine Streifen hobeln und mit dem Salz gut durchkneten, damit er saftig wird. Die Möhren schälen und raspeln. Die Schalotten schälen und in Ringe schneiden. Weißkohl, Möhren und Schalotten mischen. Mayonnaise mit Joghurt und Essig verrühren und mit dem Gemüse mischen. Mit Salz und Pfeffer kräftig abschmecken.

3. Die Knoblauchzehe schälen und fein hacken. Die Paprika putzen, waschen und klein würfeln. 1 Esslöffel Öl in einer Pfanne erhitzen und den Knoblauch mit der Paprika darin ca. 5 Minuten anbraten, dabei salzen und pfeffern. Vom Herd nehmen und leicht abkühlen lassen.

4. Linsen, Paprikamischung und Leinmehl verkneten. Mit Paprikapulver, Kreuzkümmel, Salz und Pfeffer würzen. Aus der Masse 4 Pattys formen. Das restliche Öl in der Pfanne erhitzen und die Pattys auf beiden Seiten je 4–5 Minuten braten.

5. Die Brötchen halbieren und die Schnittflächen nach Belieben in einer zweiten Pfanne leicht anrösten.

6. Die Salatblätter waschen und trocken schütteln. Die untere Hälfte der Burgerbrötchen mit Mayonnaise bestreichen, dann Salat, Patty und Coleslaw daraufgeben. Die obere Hälfte mit Ketchup bestreichen und aufsetzen. Sofort servieren.

1 El Apfelessig
Salz
Pfeffer

**FERTIG IN:
CA. 1 STUNDE 10 MINUTEN**
(DAVON CA. 30 MINUTEN KOCHZEIT)

Wenn du bei gekaufter veganer Mayonnaise mehr Schärfe möchtest, rühre einfach 1/4 – 1/2 Teelöffel Sambal Oelek darunter. Wenn du es lieber milder magst und das Mayonnaise-Rezept von Seite 14 zubereitest, dann lasse die Chiliflocken einfach weg.

BESONDERS HERZHAFT

Wie hat's geschmeckt? ☆ ☆ ☆
Easy Peasy? 👒 👒 👒

Chili „Cheese" Fries

Pommes mit Ketchup waren gestern. Überrasche deine Familie mit dieser amerikanischen Spezialität. Selbst gemachte Süßkartoffel-Pommes mit einem herzhaften Chili und überbacken mit „Käse"!

Für 4 Portionen
2 große Süßkartoffeln (je ca. 400 g)
2 Tl Paprikapulver edelsüß
Salz
1 El Olivenöl
1 Zwiebel
1 Knoblauchzehe
1 El Rapsöl
1 El Tomatenmark
½ Tl gemahlener Kreuzkümmel
2 Dosen stückige Tomaten (je 240 g Abtropfgewicht)
Pfeffer
1 Glas Kidneybohnen (Abtropfgewicht 250 g)
1 Glas Mais (Abtropfgewicht 285 g)
Chiliflocken nach Belieben
100 g geriebene Käse-Alternative
4 Frühlingszwiebeln

**FERTIG IN:
CA. 1 STUNDE 10 MINUTEN
(DAVON CA. 30 MINUTEN BACKZEIT)**

1. Die Süßkartoffeln waschen, nach Belieben schälen und in etwa 1 cm dicke Stifte schneiden. Für ca. 1 Stunde in kaltem Wasser einweichen. (So werden die Pommes knuspriger. Wenn es schnell gehen soll, kann das aber auch entfallen.)

2. Die Pommes abgießen und mit einem Küchentuch trocken tupfen. Den Backofen auf 200 °C (Ober-/Unterhitze) vorheizen. Ein Backblech mit Backpapier auslegen.

3. In einer Schüssel 1 Teelöffel Paprikapulver, 2 Teelöffel Salz und Olivenöl mischen. Die Pommes zugeben und alles gut vermengen. Auf dem Backpapier verteilen, so dass sich die Pommes nicht überlappen. Im Backofen auf der mittleren Schiene 20 Minuten backen.

4. Inzwischen die Zwiebel und Knoblauchzehe schälen und fein hacken. Das Öl in einem Topf erhitzen, Zwiebel und Knoblauch anschwitzen. Das Tomatenmark, restliches Paprikapulver und Kreuzkümmel zugeben und anbraten. Die stückigen Tomaten zufügen und alles mit Salz und Pfeffer würzen. Bei kleiner Hitze 10 Minuten köcheln lassen. Die Bohnen und den Mais abgießen und dazugeben. Weitere 5–8 Minuten köcheln lassen. Mit Salz, Pfeffer und Chiliflocken abschmecken.

5. Das Backblech aus dem Ofen nehmen. Den Backofen auf Grillfunktion stellen. Die Pommes wenden und etwas zusammenschieben. Das Chili darüber verteilen und mit der Käse-Alternative bestreuen. Das Blech zurück in den Ofen geben und weitere 5–8 Minuten überbacken. Die Frühlingszwiebeln putzen, waschen und in Streifen schneiden.

6. Die Chili Cheese Fries mit Frühlingszwiebeln bestreut servieren.

BESONDERS HERZHAFT

Wie hat's geschmeckt? ☆ ☆ ☆
Easy Peasy? 👨‍🍳 👨‍🍳 👨‍🍳

Kürbisrisotto
MIT PISTAZIENCRUNCH

Das Kürbisrisotto ist ein wärmendes Gericht für kühle Herbsttage! Deine Familie wird das cremig-sämige Risotto lieben und den Käse überhaupt nicht vermissen.

Für 4 Portionen
300 g Hokkaido-Kürbis
1 Zwiebel
1 Knoblauchzehe
3 El Olivenöl
300 g Risottoreis
ca. 1 l heiße Gemüsebrühe
50 g Pistazienkerne
30 g Semmelbrösel
Abrieb von 1 unbehandelten Zitrone
Salz
Pfeffer
2 El Butter-Alternative
3 El Hefeflocken

**FERTIG IN:
CA. 35 MINUTEN**

1. Den Kürbis waschen, putzen und in ca. 1 cm große Würfel schneiden. Die Zwiebel und die Knoblauchzehe schälen und fein hacken.

2. In einem Topf 2 Esslöffel Öl erhitzen und Zwiebel und Knoblauch darin anschwitzen. Reis und Kürbis dazugeben und 2 Minuten anschwitzen. Mit etwas heißer Gemüsebrühe ablöschen und fast ganz einkochen lassen. So viel heiße Gemüsebrühe dazugeben, dass der Reis und Kürbis gerade bedeckt ist. Alles unter Rühren leicht brodelnd köcheln lassen, bis die Flüssigkeit fast eingekocht ist. Dabei nach und nach die Gemüsebrühe aufgießen und unter Rühren etwa 20 Minuten köcheln lassen, bis das Risotto bissfest ist.

3. Inzwischen die Pistazien grob hacken. In einer beschichteten Pfanne das restliche Öl erhitzen und Pistazien und Semmelbrösel goldbraun anrösten. Mit Zitronenabrieb, Salz und Pfeffer abschmecken.

4. Das Risotto vom Herd nehmen, die Butter und die Hefeflocken unterrühren. Mit Salz und Pfeffer abschmecken. Mit Pistaziencrunch bestreut servieren.

BESONDERS HERZHAFT

Wie hat's geschmeckt? ☆ ☆ ☆
Easy Peasy? 👨‍🍳 👨‍🍳 👨‍🍳

Mungobohnen-Fritters
MIT MAIS UND PAPRIKA

Die würzigen und nahrhaften Mungobohnenpfannkuchen gibt es bei mir regelmäßig, da sie wirklich einfach gemacht sind. Und mit bunten Gemüsesticks sind sie auch ideal als Fingerfood!

Für 4 Portionen
150 g Mung Dal
(siehe Tipp)
¼ Tl gemahlene Kurkuma
½ Tl Salz
¼–½ Tl Kala Namak
(siehe Tipp)
1 rote Paprikaschote
150 g Mais aus dem Glas
(Abtropfgewicht 140 g)
5 Stängel glatte Petersilie

AUSSERDEM
Rapsöl zum Ausbraten

**FERTIG IN:
CA. 20 MINUTEN
(DAVOR CA. 7 STUNDEN EINWEICHZEIT)**

1. Die Mungobohnen in reichlich kaltem Wasser über Nacht (6–7 Stunden) einweichen. Abgießen und abtropfen lassen.

2. Die Bohnen mit Kurkuma, Salz, Kala Namak und 140 ml Wasser in einen Standmixer geben und mixen, bis ein glatter, dickflüssiger Teig entsteht. Bei Bedarf etwas mehr Wasser zufügen.

3. Die Paprika putzen, waschen und klein würfeln. Den Mais in ein Sieb schütten, abspülen und abtropfen lassen. Die Petersilie waschen, trocken schütteln und die Blätter fein hacken. Alles unter den Teig mischen und gut verrühren.

4. In einer Pfanne Rapsöl erhitzen und 8–10 handtellergroße Fritters von jeder Seite 4–5 Minuten braten.

5. Nach Belieben mit meinem veganem Zaziki (S. 110) oder Kräuterquark (S. 105) servieren.

> Kala Namak (Schwarz- oder Steinsalz) aus Indien enthält Schwefelverbindungen, die geschmacklich an gegartes Ei erinnern. Es gibt den Fritters den besonderen Geschmack. Kaufen kannst du es im Bio-Supermarkt. Ebenfalls dort und auch in Asia-Läden findest du Mung Dal – geschälte und halbierte Mungobohnen.

BESONDERS HERZHAFT

Wie hat's geschmeckt? ☆ ☆ ☆
Easy Peasy? 👨‍🍳 👨‍🍳 👨‍🍳

Flammkuchen-Schnecken

Ein schnelles und unkompliziertes Abendessen: Flammkuchenteig belegen, aufrollen, in Schnecken schneiden und backen! Yummy! Mir schmeckt dazu ein grüner Salat. Übrigens: Die Schnecken schmecken warm und kalt – du kannst sie deshalb auch gut unterwegs snacken oder auf ein Partybuffet stellen.

Für 4 Portionen
240 g Weizenmehl (Type 550)
1 Tl Salz
2 El Olivenöl
1 rote Zwiebel
1 gelbe Paprikaschote
150 g Crème-fraîche-Alternative (oder Frischkäse-Alternative)
½ Tl Paprikapulver
1 Tl getrockneter Thymian
Salz
Pfeffer

**FERTIG IN:
CA. 1 STUNDE
(DAVON 30 MINUTEN RUHEZEIT)**

1. Für den Teig das Mehl mit Salz, Öl und 125 ml Wasser zu einem geschmeidigen Teig verkneten. Zugedeckt bei Zimmertemperatur 30 Minuten ruhen lassen.

2. Den Backofen auf 220 °C (Ober-/Unterhitze) vorheizen. Ein Backblech mit Backpapier auslegen.

3. Die Zwiebel schälen und hacken. Paprika halbieren, putzen, waschen und fein würfeln.

4. Den Teig auf Backblechgröße ausrollen. Die Crème fraîche mit Paprikapulver und Thymian verrühren und den Teig gleichmäßig damit bestreichen. Zwiebel und Paprika darauf verteilen. Mit Salz und Pfeffer würzen.

5. Den Flammkuchen von der Längsseite her aufrollen und mit einem scharfen Messer in ca. 2,5 cm breite Scheiben schneiden. Auf das Backblech geben, leicht andrücken und 15–18 Minuten auf der mittleren Schiene backen.

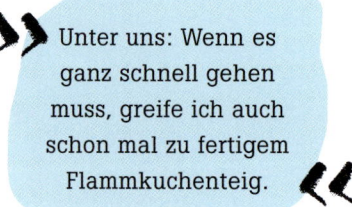

» Unter uns: Wenn es ganz schnell gehen muss, greife ich auch schon mal zu fertigem Flammkuchenteig. «

BESONDERS HERZHAFT

Wie hat's geschmeckt? ☆ ☆ ☆
Easy Peasy? 👨‍🍳 👨‍🍳 👨‍🍳

Gefüllte Paprika
IN TOMATEN-BOHNEN-SAUCE

Ein überaus beliebter Ofen-Klassiker, den ich zudem auch sehr gut vorbereiten kann. Und dank der cremigen Tomatensauce werden in diesem Rezept die Paprikaschoten auch ganz besonders saftig.

Für 4 Portionen
200 g Hirse
400 ml Gemüsebrühe
1 Zwiebel
1 Knoblauchzehe
2 El Olivenöl
Salz
Pfeffer
2 Dosen stückige Tomaten (à 400 g)
1 Tl getrockneter Oregano
Salz
Pfeffer
50 g Mandeln
½ Bund glatte Petersilie
4 Paprikaschoten (nach Belieben rot, gelb, grün oder gemischt)
2 Dosen weiße Bohnen (Abtropfgewicht je 240 g)

AUSSERDEM
1 ofenfeste Form

**FERTIG IN:
CA. 1 STUNDE 15 MINUTEN
(DAVON CA. 45 MINUTEN BACKZEIT)**

1. Die Hirse in einem feinen Sieb unter fließendem heißem Wasser abspülen. Mit der Gemüsebrühe in einen Topf geben, aufkochen und zugedeckt bei kleiner Hitze 7–10 Minuten köcheln lassen. Gelegentlich umrühren, vom Herd ziehen und 5 Minuten ausquellen lassen.

2. Inzwischen die Zwiebel und die Knoblauchzehe schälen und fein hacken. Das Öl in einem Topf erhitzen und beides darin anschwitzen. Tomaten und Oregano zufügen. Mit Salz und Pfeffer würzen und 10 Minuten bei kleiner Hitze köcheln lassen.

3. Die Mandeln grob hacken. Die Petersilie waschen, trocken schütteln und die Blätter fein hacken. Unter die Hirse mischen und mit Salz und Pfeffer abschmecken.

4. Den Backofen auf 180 °C (Ober-/Unterhitze) vorheizen. Die Paprikaschoten waschen, längs halbieren und putzen. Mit der Hirsemischung füllen.

5. Die Bohnen abgießen, abspülen und zur Tomatensauce geben. Die Sauce in die Form füllen und die Paprika vorsichtig hineinsetzen. Im Backofen auf der mittleren Schiene 40–45 Minuten backen.

Immer schon VEGAN

... UND DAS GANZ AUS VERSEHEN, KÖNNTE MAN HINZUFÜGEN!

In diesem Kapitel findest du Rezepte, die ganz ohne Konzept, ohne Absicht und ohne eine bestimmte Ernährungsweise im Blick zu haben schon immer (fast) vegan sind. Fündig wurde ich im asiatischen, mediterranen und orientalischen Raum: Mit Falafel, verschiedenen Pasta-Gerichten und leckerem Curry findest du eine große Auswahl an Rezepten, die – mit minimalen Ausnahmen – einfach so rein pflanzlich daherkommen. Lediglich beim Pesto und bei der Minz-Raita habe ich ein bisschen nachgeholfen und die Rezepte „veganisiert".

Wie hat's geschmeckt? ☆ ☆ ☆
Easy Peasy? 👨‍🍳 👨‍🍳 👨‍🍳

Pasta e Ceci
ORECHIETTE MIT CREMIGER KICHERERBSENSAUCE

Wir lieben Pasta – vor allem, wenn sich die Kichererbsen in den Öhrchennudeln verstecken und von cremiger Tomatensauce umhüllt werden. Buon Appetito!

1. Die Zwiebel und die Knoblauchzehe schälen und fein hacken. Die Möhren schälen und klein würfeln. Den Sellerie putzen, waschen und ebenfalls klein würfeln.

2. Das Olivenöl in einem Topf erhitzen und Zwiebel und Knoblauch darin anschwitzen. Möhren und Sellerie zugeben und kurz mitbraten. Die passierten Tomaten zugeben. Mit Oregano, Salz und Pfeffer würzen. Bei kleiner Hitze offen 10 Minuten köcheln lassen.

3. Die Kichererbsen in ein Sieb abgießen, abspülen und abtropfen lassen. In die Sauce geben und alles weitere 5 Minuten kochen lassen.

4. Reichlich Salzwasser in einem Topf zum Kochen bringen. Die Nudeln nach Packungsanleitung al dente kochen. Abgießen und unter die Sauce mischen. Nochmals abschmecken. Mit Basilikum garniert servieren.

Für 4 Portionen
1 Zwiebel
1 Knoblauchzehe
2 Möhren
2 Stangen Staudensellerie
1 El Olivenöl
400 ml passierte Tomaten
1 Tl getrockneter Oregano
Salz
Pfeffer
1 Dose Kichererbsen (Abtropfgewicht 240 g)
400 g Orechiette

AUSSERDEM
Basilikumblätter zum Servieren

FERTIG IN:
CA. 25 MINUTEN

Dazu passt der Mandel-Parmesan von Seite 44.

IMMER SCHON VEGAN

Schmeckt auch mit Spaghetti!

Wie hat's geschmeckt? ☆ ☆ ☆
Easy Peasy? 👨‍🍳 👨‍🍳 👨‍🍳

Samosas
MIT MINZ-„RAITA"

Ein typisch indisches Fingerfood – meine Tochter liebt die knusprig-frittierten Teigtaschen. Ich serviere zu ihnen Raita, die indische Antwort auf Zaziki – und zwar auf Basis von cremigem Seidentofu.

Für 4 Portionen (ca. 12 Stück):
500 g Dinkelmehl (Type 630)
2 El Rapsöl
Salz
400 g Kartoffeln
1 Zwiebel
1 Stück Ingwer (ca. 2 cm)
4 Stiele Koriander
2 El Sesamöl (ersatzweise Rapsöl)
1 Tl Senfsamen
½ Tl gemahlener Koriander
½ Tl gemahlener Kreuzkümmel
1 Tl Garam Masala
60 g TK-Erbsen

FÜR DIE MINZ-RAITA
½ Salatgurke
½ Bund Minze
400 g Seidentofu
1 Tl gemahlener Kreuzkümmel
2–3 El Zitronensaft
Salz
Pfeffer

1. Für den Teig das Mehl mit Rapsöl, 1 Teelöffel Salz und 300 ml Wasser zu einem glatten Teig verkneten. Den Teig in Folie gewickelt mindestens 30 Minuten ruhen lassen.

2. Inzwischen die Kartoffeln mit Schale in reichlich Salzwasser 30 Minuten gar kochen. Abgießen, kurz ausdampfen lassen, pellen und mit dem Kartoffelstampfer zerstampfen.

3. Die Zwiebel und den Ingwer schälen und fein hacken. Koriander waschen, trocken schütteln und die Blätter fein hacken. Das Sesamöl in einem Topf erhitzen, die Senfsamen zugeben und kurz anbraten. Zwiebel, Ingwer, Koriander, Kreuzkümmel, Garam Masala und Erbsen zufügen. Ebenfalls kurz anbraten, dann die Kartoffeln untermischen und die Mischung mit Salz abschmecken. Vom Herd ziehen und abkühlen lassen.

4. Den Teig in 12 gleich große Stücke teilen und diese zu Kugeln formen. Auf einer bemehlten Arbeitsfläche die Kugeln rund (10–12 cm Ø) ausrollen.

5. Den Rand der Kreise mit Wasser bepinseln. Auf die eine Hälfte ca. 2 Teelöffel Füllung geben und den Kreis zuklappen. Die Ränder mithilfe einer Gabel gut festdrücken.

6. Für die Raita die Gurke waschen und raspeln. Die Minze waschen, trocken schütteln und die Blätter fein hacken. Den Seidentofu abtropfen lassen und mit Kreuzkümmel und Zitronensaft mit einem Stabmixer cremig pürieren. Gurke und Minze unterrühren. Mit Salz und Pfeffer abschmecken.

AUSSERDEM
Mehl für die Arbeitsfläche
ausreichend Öl zum
Frittieren (z. B. Sonnen-
blumenöl)

**FERTIG IN:
CA. 1 STUNDE 30 MINUTEN**
(DAVON CA. 30 MINUTEN
KÜHLZEIT)

7. Ausreichend Öl in einem weiten Topf erhitzen. Zur Probe einen hölzernen Kochlöffel hineinhalten. Wenn sich rundherum Bläschen bilden, ist das Fett heiß genug.

8. Die Samosas darin portionsweise 4–5 Minuten frittieren. Mit einem Schaumlöffel herausholen und auf Küchenpapier abtropfen lassen. Die Samosas mit der Minz-Raita servieren.

Wie hat's geschmeckt? ☆ ☆ ☆
Easy Peasy? 👨‍🍳 👨‍🍳 👨‍🍳

Falafel
MIT SPINATSALAT

Ein Leben ohne Falafel ist zwar möglich, aber sinnlos. Stimmt doch, oder? Wir jedenfalls lieben die zarten, knusprigen, aromatischen Bällchen. Und mit diesem Rezept sind sie wirklich supereinfach.

Für 4 Portionen
100 g Frühlingszwiebeln
2 Knoblauchzehen
½ Bund Koriander
200 g Kichererbsenmehl
1 Tl Ras el-Hanout
Salz
200 g Babyspinat
4 Mandarinen
2 El Limettensaft
1 Tl Olivenöl
50 ml Gemüsebrühe
Pfeffer
120 g geräucherter Tofu

AUSSERDEM
3 El hitzebeständiges Olivenöl

**FERTIG IN:
CA. 30 MINUTEN**

1. Für die Falafel Frühlingszwiebeln waschen und putzen. Die Hälfte fein hacken, die andere Hälfte in Scheiben schneiden. Knoblauch schälen und fein hacken. Koriander waschen, trocken schütteln, die Blätter abzupfen und fein hacken.

2. In einer großen Schüssel gehackte Frühlingszwiebeln, Knoblauch, Koriander, Kichererbsenmehl, Ras el-Hanout und ½ Teelöffel Salz vermengen. Mit 350 ml kochendem Wasser übergießen. Gründlich mischen und etwa 10 Minuten quellen lassen.

3. In der Zwischenzeit den Spinat waschen, trocken schütteln und verlesen. Die Mandarinen schälen und das Fruchtfleisch grob zerteilen. Mit den Spinatblättern und den Frühlingszwiebelringen in eine große Schüssel geben. Mit Limettensaft, Olivenöl und Gemüsebrühe vermengen. Mit Salz und Pfeffer abschmecken.

4. Den geräucherten Tofu in kleine Würfel schneiden. Aus der Falafel-Masse 16 kleine Falafel formen. Das hitzebeständige Olivenöl in einer beschichteten Pfanne erhitzen und die Falafel darin von beiden Seiten goldbraun braten. Herausnehmen und auf Küchenkrepp abtropfen lassen.

5. Die Tofuwürfel in die Pfanne geben und kurz darin erwärmen. Die Tofuwürfel unter den Salat heben und den Salat zusammen mit den Falafel anrichten.

IMMER SCHON VEGAN

Wie hat's geschmeckt? ☆ ☆ ☆
Easy Peasy? 👨‍🍳 👨‍🍳 👨‍🍳

INDISCHES
Gemüse-Korma

Das würzige, bunte und nahrhafte Curry gehört auf unserem Esstisch zu den unbestrittenen Hightlights. Es ist von Natur aus vegan und mit Kokosmilch, Kichererbsen und knackigem Gemüse einfach nur lecker.

Für 4 Portionen
1 Zwiebel
1 Knoblauchzehe
1 Stück Ingwer (3 cm)
1 Glas Kichererbsen (Abtropfgewicht 240 g)
1 große Süßkartoffel
½ Blumenkohl
2 El Kokosöl
je ½ Tl gemahlener Kreuzkümmel, Koriander und Kurkuma
¼ Tl Zimt
400 ml Gemüsebrühe
1 Dose Kokosmilch (400 ml)
1 El Cashewmus
200 g Basmatireis
Salz
50 g Cashewkerne
100 g Baby-Blattspinat
1–2 El Zitronensaft
½ Tl Cayennepfeffer nach Belieben

FERTIG IN: CA. 30 MINUTEN

1. Zwiebel, Knoblauch und Ingwer schälen und fein hacken. Die Kichererbsen abspülen und abtropfen lassen. Die Süßkartoffel schälen und klein würfeln. Den Blumenkohl putzen und in kleine Röschen teilen.

2. In einem großen Topf das Kokosöl erhitzen und Zwiebel, Knoblauch und Ingwer darin anschwitzen. Süßkartoffel, Blumenkohl und Gewürze zugeben und kurz anbraten. Mit Gemüsebrühe und Kokosmilch aufgießen. Die Kichererbsen und das Cashewmus zufügen. Alles zugedeckt bei kleiner Hitze 15 Minuten köcheln lassen.

3. Inzwischen den Reis in einem Topf mit 400 ml Salzwasser bei kleiner Hitze ca. 10 Minuten köcheln lassen, dann 5 Minuten quellen lassen. Die Nüsse in einer beschichteten Pfanne ohne Fett rösten.

4. Den Blattspinat waschen, verlesen und abtropfen lassen. Zum Curry geben und zusammenfallen lassen. Alles mit Salz, Zitronensaft und Cayennepfeffer abschmecken.

5. Das Korma-Curry mit den Cashewkernen garnieren und mit dem Basmatireis servieren.

Wie hat's geschmeckt? ☆ ☆ ☆
Easy Peasy? 👨‍🍳 👨‍🍳 👨‍🍳

Linguine
ALLA PUTTANESCA

So schmeckt Bella Italia! Unbedingt den „Parmesan" auf Cashewbasis dazu servieren, der gibt der Pasta noch eine besondere Note.

Für 4 Portionen

FÜR DIE PASTA MIT SAUCE
2 Knoblauchzehen
100 g schwarze Oliven (ohne Stein)
1 ½ El Kapern
150 g Artischockenherzen (in Lake eingelegt)
2 El Olivenöl
500 g stückige Tomaten
Salz
Pfeffer
Chiliflocken nach Belieben
400 g Linguine

FÜR DEN CASHEW-„PARMESAN"
50 g Cashewkerne
2 El Hefeflocken
½ Tl Knoblauchpulver
1 Prise Salz

**FERTIG IN:
CA. 30 MINUTEN**

1. Die Knoblauchzehen schälen und fein hacken. Die Oliven und Kapern grob hacken. Die Artischockenherzen vierteln.

2. Das Öl in einem Topf erhitzen und den Knoblauch darin anschwitzen. Oliven, Kapern und Artischocken zugeben und kurz anbraten. Die Tomaten zufügen und mit Salz, Pfeffer und Chiliflocken nach Belieben würzen.

3. Inzwischen reichlich Salzwasser zum Kochen bringen und die Linguine nach Packungsanleitung bissfest garen. Für den Cashew-„Parmesan" alle Zutaten in einem Blitzhacker fein vermahlen.

4. Die Nudeln abgießen und gründlich mit der Sauce vermischen. Mit dem Cashew-„Parmesan" bestreut servieren.

Gebratene Asia-Reisnudeln
MIT KNUSPERTOFU UND ERDNÜSSEN

Angenehm frisch, würzig und knackig, mit ein bisschen Schärfe – ein Feuerwerk für den Gaumen. Ganz wichtig: Brate den Tofu unbedingt richtig kross an!

Für 4 Portionen
200 g Tofu
3 El Sojasauce
2 Knoblauchzehen
1 Stück Ingwer (ca. 2 cm)
je 1 rote und gelbe Paprikaschote
200 g Zuckerschoten
150 g Champignons
4 Frühlingszwiebeln
3 El Erdnussöl (ersatzweise Rapsöl)
Salz
400 g Reisbandnudeln
Saft von 1 Limette
2 Tl Ahornsirup
100 g geröstete gesalzene Erdnüsse
Chiliflocken nach Belieben

FERTIG IN: CA. 30 MINUTEN

1. Den Tofu trocken tupfen, klein würfeln und mit 1 Esslöffel Sojasauce mischen. Den Knoblauch und den Ingwer schälen und fein hacken. Die Paprikaschoten putzen, waschen und in Streifen schneiden. Die Zuckerschoten putzen, waschen und schräg halbieren. Die Champignons putzen und in Scheiben schneiden. Die Frühlingszwiebeln waschen, putzen und schräg in Streifen schneiden.

2. In einem Wok oder einer beschichteten Pfanne 1 Esslöffel Erdnussöl erhitzen und den Tofu rundherum 8–10 Minuten knusprig braten, dabei vorsichtig salzen. Anschließend herausnehmen.

3. Die Reisbandnudeln in Salzwasser nach Packungsanleitung al dente kochen.

4. Das restliche Öl erhitzen und den Knoblauch mit dem Ingwer darin anschwitzen. Paprika, Zuckerschoten, Champignons und Frühlingszwiebeln zugeben und alles unter Rühren 3–4 Minuten braten. Mit restlicher Sojasauce, Limettensaft und Ahornsirup abschmecken.

5. Die Reisnudeln und den Tofu unterrühren. Die Erdnüsse grob hacken und untermischen. Sofort servieren und nach Belieben mit Chiliflocken bestreuen.

Wie hat's geschmeckt? ☆ ☆ ☆
Easy Peasy? 👨‍🍳 👨‍🍳 👨‍🍳

Tagliatelle
MIT MITTELMEERGEMÜSE

Ein Hoch auf frische Kräuter und mit diesem Rezept gibt es schon mal zwei Argumente, die Fensterbank zu begrünen. Uns macht es jedenfalls immer Spaß, Kräuter heranzuziehen und dann zu „ernten" – geschmacklich und optisch sind frische Kräuter in jedem Gericht das Tüpfelchen auf dem I.

Für 4 Portionen
1 Aubergine
2 kleine Zucchini
2 kleine rote Paprikaschoten
2 kleine Zwiebeln
2 Knoblauchzehen
1 Zweig Rosmarin
1 Zweig Thymian
ca. 5 El bestes Olivenöl
400 g Tagliatelle
Salz
schwarzer Pfeffer

**FERTIG IN:
CA. 30 MINUTEN**

1. Aubergine, Zucchini und Paprikaschoten waschen und putzen. Alles in etwa 1,5 cm große Würfel schneiden.

2. Die Zwiebeln und Knoblauchzehen schälen, die Zwiebeln würfeln, den Knoblauch in feine Scheiben schneiden.

3. Rosmarin und Thymian waschen, die Nadeln bzw. Blättchen von den Stielen streifen und hacken.

4. 3 Esslöffel Öl in einer großen, hohen, beschichteten Pfanne erhitzen und die Auberginenwürfel darin so lange unter Wenden braten, bis sie weich sind und leicht gebräunt. Eventuell zwischendurch noch etwas Öl nachgießen. Die Auberginenstücke aus der Pfanne nehmen und beiseitestellen.

5. Das restliche Öl in die Pfanne geben. Paprikastücke, Zwiebeln, Knoblauch, Rosmarin und Thymian hinzufügen und alles unter Wenden ca. 10 Minuten braten. Nach 5 Minuten die Zucchini hinzugeben.

6. Die Auberginenstücke untermischen und alles bei milder Hitze etwa 10 Minuten zugedeckt mehr ziehen als garen lassen. Inzwischen die Nudeln nach Packungsanweisung in reichlich Salzwasser bissfest garen.

7. Das Gemüse mit Salz und Pfeffer würzig abschmecken. Die Nudeln abgießen, abtropfen lassen und mit dem Gemüse mischen.

> Haben wir nicht immer im Haus, aber wenn, dann passen sie hervorragend: 3 Esslöffel goldgelb geröstete Pinienkerne, die zum Servieren über die Pasta gestreut werden.

Wie hat's geschmeckt? ☆ ☆ ☆
Easy Peasy? 👨‍🍳 👨‍🍳 👨‍🍳

Asia-Gemüsepasta
MIT TOFU UND ERDNÜSSEN

Kennst du Spiralschneider? Die kleinen Küchengeräte gibt es für wenig Geld und sie machen einfach eine Riesenshow. Bei Spiralnudeln gibt es bei uns zumindest immer große Begeisterung und meine Tochter liebt es, beim Gemüsekurbeln zu helfen. Ich finde die Gemüsepasta einfach superlecker und freue mich, dass so was Gutes auch noch Low Carb ist. Wenn du keine Spiralschneider hast, nimmst du einfach den Sparschäler und schneidest aus dem Gemüse Tagliatelle.

Für 4 Portionen
400 g Tofu
1 Stück Ingwer (2 cm)
2 Knoblauchzehen
4 El helle Sojasauce
6 El Sesamöl
Salz
2 große Möhren (ca. 250 g)
2 große Petersilienwurzeln (ca. 250 g)
1 große Zucchini (ca. 250 g)
100 g Zuckerschoten
30 g Erdnüsse
½ scharfe rote Chilischote
8 Stängel Koriandergrün
2 El helle Sojasauce
1 Limette (Saft)

AUSSERDEM
Sojasauce zum Servieren

**FERTIG IN:
CA. 40 MINUTEN**

1. Den Tofu in dünne Scheiben schneiden. Ingwer und Knoblauch schälen, fein hacken und mit Sojasauce, 2 Esslöffeln Sesamöl und 1 Prise Salz verrühren. Den Tofu zugedeckt in der Marinade ca. 30 Minuten ziehen lassen.

2. Die Möhren und Petersilienwurzeln schälen. Die Zucchini waschen. Jeweils die Enden abschneiden und alles mit dem Spiralschneider in dünne Spaghetti schneiden, zwischendurch die Nudeln kürzen. Die Zucchininudeln salzen.

3. Die Zuckerschoten putzen, kurz in Salzwasser blanchieren, abgießen, abschrecken und abtropfen lassen.

4. Die Erdnüsse in einer Pfanne ohne Fett rösten und klein hacken. Die Chilischote waschen, putzen und in feine Ringe schneiden. Den Koriander waschen, trocken schütteln, die Blätter abzupfen und fein hacken. Die Zucchininudeln abspülen, abtropfen lassen und trocken tupfen.

5. In einer Pfanne 2 Esslöffel Sesamöl erhitzen, Möhren- und Petersilienwurzelnudeln zugeben und unter Rühren 2–3 Minuten anbraten. Zucchininudeln, Zuckerschoten und Chili dazugeben und ca. 1 Minute unter Rühren braten. Mit Koriandergrün, Sojasauce und Limettensaft abschmecken.

6. Den Tofu aus der Marinade nehmen. Das restliche Sesamöl in einer Pfanne erhitzen und den Tofu auf beiden Seiten kurz braten. Den Tofu mit den Gemüsenudeln auf Tellern anrichten und alles mit Erdnüssen bestreuen. Sofort servieren und weitere Sojasauce dazu reichen.

IMMER SCHON VEGAN

Wie hat's geschmeckt? ☆ ☆ ☆
Easy Peasy? 👨‍🍳 👨‍🍳 👨‍🍳

Kartoffel-Gratin
MIT AUBERGINE UND ZUCCHINI

Das schmeckt nach Griechenland! Mit viel frischem Rosmarin Schicht für Schicht ein herzhafter Genuss, der die Frage nach Fleisch gar nicht aufkommen lässt. Sei beim Einsatz des Olivenöls ruhig großzügig, denn hochwertiges, aromatisches Öl ist die Basis des guten Geschmacks.

Für 4 Portionen
1 Zwiebel
1 Knoblauchzehe
ca. 7 El fruchtiges Olivenöl
600 g passierte Tomaten
Salz
Pfeffer
4 Rosmarinzweige
600 g vorwiegend festkochende Kartoffeln
1 kleine Aubergine
1 Zucchini

AUSSERDEM
runde Auflaufform
Öl zum Ausfetten

**FERTIG IN:
CA. 1 STUNDE
40 MINUTEN
(DAVON CA. 55 MINUTEN BACKZEIT)**

1. Die Zwiebel und die Knoblauchzehe schälen und fein hacken. 2 Esslöffel Olivenöl in einem Topf erhitzen und beides unter Rühren darin anschwitzen.

2. Die Tomaten zufügen und mit Salz und Pfeffer abschmecken. Zugedeckt bei kleiner Hitze 10 Minuten köcheln lassen. Währenddessen den Rosmarin waschen, die Nadeln von den Zweigen streifen und klein hacken. Die Hälfte unter die Sauce mischen.

3. Inzwischen die Kartoffeln schälen und in 2 mm dicke Scheiben hobeln. Die Aubergine und Zucchini waschen, putzen und ebenfalls in Scheiben schneiden oder hobeln.

4. 3 Esslöffel Olivenöl in einer zweiten Pfanne erhitzen und die Gemüsescheiben portionsweise von beiden Seiten braten, gegebenenfalls etwas mehr Öl nachgießen. Mit Salz und Pfeffer würzen.

5. Den Backofen auf 180 °C (Ober-/Unterhitze) vorheizen. Eine Auflaufform ausfetten. Die Hälfte der Kartoffeln in der Form dachziegelartig verteilen. Salzen und pfeffern. Die Tomatensauce darübergeben. Die Gemüsescheiben darauf verteilen. Die restlichen Kartoffelscheiben dachziegelartig darauf verteilen, nochmals würzen. Mit etwas Olivenöl beträufeln und im Backofen auf der mittleren Schiene ca. 55 Minuten backen, bis die Kartoffeln knusprig sind. Nach der Hälfte der Backzeit die übrigen Rosmarinnadeln darüberstreuen.

IMMER SCHON VEGAN

Wie hat's geschmeckt? ☆ ☆ ☆
Easy Peasy? 👨‍🍳 👨‍🍳 👨‍🍳

Orientalisches Reispilaw
MIT GERÖSTETEN NÜSSEN

Das Pilaw vereint frisches Gemüse mit aromatischen Kräutern und feinem Reis. Wir lieben die fruchtigen Rosinen darin und naschen sie auch so gern. Wenn deine Kinder davon keine Fans sind, kannst du sie auch durch Cranberrys ersetzen.

Für 4 Portionen

je 30 g Mandeln, Pistazien, Sonnenblumenkerne, Cashewkerne
1 Zwiebel
1 Stück Ingwer (2 cm)
300 g Möhren
200 g Champignons
2 El Olivenöl
200 g Basmatireis
50 g Rosinen
1 Gewürznelke
1 Tl gemahlene Kurkuma
1 Tl gemahlener Koriander
¼ Tl Zimt
500 ml Gemüsebrühe
Salz
Pfeffer
½ Bund Petersilie

FERTIG IN: CA. 40 MINUTEN

1. Die Nüsse und Kerne grob hacken und in einer Pfanne ohne Fett anrösten. Beiseitestellen.

2. Die Zwiebel und den Ingwer schälen und fein hacken. Die Möhren schälen und in dünne Scheiben schneiden oder hobeln. Die Pilze abreiben und putzen, dann in Scheiben schneiden.

3. Das Öl in einer Pfanne erhitzen und Zwiebel und Ingwer darin anschwitzen. Pilze und Möhren zugeben und kurz anbraten. Reis und Rosinen zugeben. Die Gewürze zufügen und mit Gemüsebrühe aufgießen. Zugedeckt bei kleiner Hitze 15–20 Minuten köcheln lassen, bis der Reis das Wasser aufgesogen hat und gar ist. Dabei gelegentlich umrühren und bei Bedarf noch etwas Brühe zufügen. Die gerösteten Nüsse und Kerne untermischen. Mit Salz und Pfeffer abschmecken.

4. Den Pilaw zugedeckt noch 10 Minuten auf der abgeschalteten Herdplatte stehen lassen.

5. In der Zwischenzeit die Petersilie waschen, trocken schütteln und fein hacken. Über den Pilaw streuen und servieren.

Du kannst den Pilaw mit 200 g Räuchertofu verfeinern. Würfle dazu den Tofu klein und brate ihn mit dem Gemüse an.

> Damit du den Kürbis nicht aus Versehen durchschneidest, legst du einfach zwei dünne Kochlöffelstiele an die Seiten, die dein Schneidemesser stoppen.

HASSELBACK-BUTTERNUT-
Kürbisbraten

Der aromatische Fächerkürbis im Hasselback-Style stillt jeden Hunger nach Braten und eignet sich prima auch als festliches Essen zu Feiertagen oder anderen besonderen Anlässen.

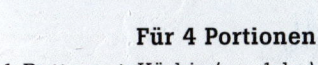

Für 4 Portionen
1 Butternut-Kürbis (ca. 1 kg)
Salz
Pfeffer
4 Lorbeerblätter
6 El Olivenöl
2 El Ahornsirup
1 El Apfelessig
4 El Kürbiskerne
1 Granatapfel

**FERTIG IN:
CA. 1 STUNDE**
(DAVON CA. 40 MINUTEN BACKZEIT)

1. Den Backofen auf 200 °C (Ober-/Unterhitze) vorheizen. Den Kürbis halbieren, die Kerne herauslösen und den Kürbis schälen. Mit der Schnittfläche nach unten auf eine Arbeitsfläche legen und das Fruchtfleisch mit einem scharfen Messer fächerartig einschneiden, dabei aber nicht durchschneiden.

2. Die beiden Kürbishälften mit Salz und Pfeffer würzen und auf ein Backblech legen. Die Lorbeerblätter in die Einschnitte verteilen. Das Fruchtfleisch mit 2 Esslöffeln Olivenöl bepinseln. Im Backofen auf der mittleren Schiene ca. 15 Minuten backen.

3. Inzwischen das restliche Öl, Ahornsirup und Apfelessig in einem Topf mischen und kurz aufkochen. Den Kürbis damit bestreichen und weitere 20–25 Minuten backen, bis der Kürbis weich und gebräunt ist.

4. Die Kürbiskerne in einer beschichteten Pfanne ohne Fett rösten. Den Granatapfel halbieren und die Kerne herauslösen.

5. Den Kürbisbraten mit den Kürbis- und Granatapfelkernen bestreuen und servieren.

> Dazu passt der Kartoffel-Gratin mit Gemüse von Seite 81, das orientalische Reispilaw von Seite 82 oder einfach Kartoffelpüree und Salat.

Wie hat's geschmeckt? ☆ ☆ ☆
Easy Peasy? 👨‍🍳 👨‍🍳 👨‍🍳

IMMER SCHON VEGAN

Wie hat's geschmeckt? ☆ ☆ ☆
Easy Peasy? 👨‍🍳 👨‍🍳 👨‍🍳

Spaghetti
MIT PESTO

Die italienische Küche ist voller Verlockungen – aber auch voller Parmesan. Diesen ersetzen wir hier durch Hefeflocken, die es mittlerweile in den meisten Supermärkten und in jedem Bio-Markt gibt. Und siehe da: Wir lieben dieses Pesto und probieren immer wieder neue Varianten aus!

Für 4 Portionen
3 El Pinienkerne
1 ½ Bund Basilikum
1 Knoblauchzehe
Salz
1 gehäufter El Hefeflocken
1 gehäufter Tl Semmelbrösel
90 ml Olivenöl
Pfeffer
500 g Spaghetti

FERTIG IN: CA. 15 MINUTEN

1. Die Pinienkerne in einer Pfanne ohne Fett anrösten. Die Basilikumblätter abzupfen, waschen und trocknen. Den Knoblauch schälen. Alles grob hacken.

2. Basilikum, Knoblauch, Pinienkerne, etwas Salz, Hefeflocken und Semmelbrösel im Mixer zu einer Paste verarbeiten. Langsam das Olivenöl dazugießen und alles mit Salz und Pfeffer abschmecken.

3. Inzwischen die Spaghetti in reichlich Salzwasser nach Packungsanweisung bissfest garen. Abgießen, dabei etwas von dem Nudelwasser auffangen. Die Spaghetti mit dem Pesto vermischen und ggfs. etwas von dem Nudelwasser unterrühren.

> Pesto gibt es in unzähligen Variationen und es lohnt sich zu experimentieren. Verwende auch mal Mandeln, Cashewkerne oder Pistazien anstelle der Pinienkerne, ersetze einen Teil des Basilikums durch Petersilie, Spinat oder Rucola. Auch rotes Pesto ist superaromatisch und aus getrockneten Tomaten, gerösteten Paprikaschoten, einer Chili, Knoblauch und Mandeln einfach zubereitet.

IMMER SCHON VEGAN

TO GO

UNTERWEGS SNACKEN GEHT AUCH VEGAN …

… und wie lecker das sein kann, das zeigen dir die Rezepte dieses Kapitels. Ob Sommerrollen, Chia-Snack, herzhafter Kartoffelsalat im Glas, eine deftige Stulle mit Fake-Speck oder meine vegane Pide-Variante: Alles schmeckt kalt vorzüglich – und manches kannst du selbstverständlich auch warm und frisch gekocht genießen.

Wie hat's geschmeckt? ☆ ☆ ☆
Easy Peasy? 👨‍🍳 👨‍🍳 👨‍🍳

Bánh mì
MIT PULLED KRÄUTERSEITLINGEN

Dieses vietnamesische Streetfood-Sandwich kannst du ganz einfach zuhause zubereiten. Die aromatischen Pilze sind mit ihrem festen Fleisch dafür der beste Fleischersatz. Mit jedem Bissen wird dann das Fernweh ein wenig mehr in Vergessenheit geraten.

Für 4 Portionen
2 große Möhren (ca. 250 g)
200 g weißer Rettich
½ Salatgurke
Saft und Abrieb von 2 unbehandelten Limetten
2 El Rohrohrzucker
Salz
½ Bund Koriandergrün
4 Stängel Minze
100 g vegane Mayonnaise (selbst gemacht S. 14 oder Fertigprodukt)
½ Tl Sriracha-Sauce nach Belieben
4 Baguettebrötchen

FÜR DIE PULLED KRÄUTERSEITLINGE
600 g Kräuterseitlinge
1 Knoblauchzehe
2 El Rapsöl
2 El Sojasauce
40 ml Sweet-Chilisauce
Salz
Pfeffer

FERTIG IN: CA. 50 MINUTEN

1. Die Möhren und den Rettich schälen und mithilfe eines Schälers in dünne, lange Streifen hobeln. Die Gurke waschen und in 2 mm dünne Scheiben schneiden. In eine Schüssel geben und mit Limettensaft und -abrieb, Zucker und etwas Salz marinieren.

2. Die Kräuterseitlinge putzen und mithilfe einer Gabel in dünne Streifen zerrupfen. Die Knoblauchzehe schälen und klein hacken.

3. Das Rapsöl in einer Pfanne erhitzen und den Knoblauch darin anschwitzen. Die Pilze zugeben und rundherum 8–10 Minuten braten. Mit Soja- und Sweet-Chilisauce würzen. Vorsichtig mit Salz und Pfeffer abschmecken.

4. Die Kräuter waschen, trocken schütteln und die Blätter abzupfen. Die Mayonnaise nach Belieben mit der Sriracha-Sauce vermischen.

5. Die Baguettebrötchen waagerecht einschneiden, aber nicht ganz durchschneiden. Die untere Hälfte mit Mayonnaise bestreichen. Das eingelegte Gemüse abtropfen lassen und darauf verteilen. Die pulled Kräuterseitlinge darübergeben und mit Minze und Koriander bestreuen. Zusammenklappen und servieren.

Wie hat's geschmeckt? ☆ ☆ ☆
Easy Peasy? 👨‍🍳 👨‍🍳 👨‍🍳

Grüner Kartoffelsalat
MIT VIELEN KRÄUTERN UND ZITRUSFRISCHE

Perfekt für's Büro, zum Picknicken, für Ausflüge – und selbstverständlich schmeckt dieser Salat auch zu Hause: Der grüne Kartoffelsalat punktet durch ganz viele frische Kräuter und ist eine wahre Geschmacksexplosion. Wichtig sind auch aromatische Kartoffeln – am besten leckere vom nächsten Bauern.

Für 2 große Gläser (à 1 Liter)

400 g fest- oder halbfestkochende Kartoffeln
Salz
300 g grüner Spargel
20 g Pinienkerne
1 kleine grüne Paprikaschote
1 rote Chilischote
½ Bund Minze
½ Bund Basilikum
½ Bund glatte Petersilie
2 Frühlingszwiebeln
50 ml Zitronensaft
50 ml Gemüsebrühe
50 ml fruchtiges Olivenöl
Pfeffer
1 Msp. Sumach nach Belieben

FERTIG IN: CA. 40 MINUTEN

1. Die Kartoffeln waschen und mit Schale in leicht gesalzenem Wasser ca. 30 Minuten gar kochen. Dann ausdämpfen und etwas abkühlen lassen. Anschließend pellen und in mundgerechte Stücke schneiden.

2. Während die Kartoffeln garen, den Spargel waschen, putzen und im unteren Drittel schälen. In kochendem, leicht gesalzenem Wasser ca. 4 Minuten garen. Dann herausnehmen, abschrecken und abtropfen lassen. Anschließend in mundgerechte Stücke schneiden. Die Pinienkerne in einer Pfanne ohne Fett goldgelb rösten, dann abkühlen lassen.

3. Die Paprikaschote halbieren, putzen, waschen und in kleine Würfel schneiden. Die Chilischote halbieren, putzen, waschen und hacken. Die Kräuter waschen, trocken schleudern und die Blättchen hacken. Die Frühlingszwiebeln putzen, waschen und in feine Ringe schneiden.

4. Zitronensaft mit Brühe und Olivenöl verquirlen. Kräftig salzen und pfeffern. Chilischote, Frühlingszwiebeln und Sumach nach Belieben einrühren. Mit den Kartoffeln mischen und auf die Gläser verteilen. Die Paprikaschote daraufgeben, dann den Spargel, die Kräuter und zum Schluss die Pinienkerne. Vor dem Essen vorsichtig unterheben.

Wie hat's geschmeckt? ☆ ☆ ☆
Easy Peasy? 👨‍🍳 👨‍🍳 👨‍🍳

Spanakopita
GRIECHISCHE SPINATSCHNECKE

Der griechische Spinatstrudel sieht beeindruckend aus, dabei ist er einfacher zuzubereiten als du denkst. Wir lieben den leckeren Strudel in Stücke für unterwegs – aber natürlich schmeckt er auch frisch aus dem Ofen, z. B. mit aromatischem Tomatensalat.

Für 4 Portionen
500 g TK-Spinat
50 g Pinienkerne
1 Zwiebel
2 Knoblauchzehen
2 El Olivenöl
Salz
Pfeffer
300 g Frischkäse-Alternative
2 El Hefeflocken
200 g Tofu-„Feta" (siehe S. 110, ersatzweise Naturtofu)
1 Bund Dill
1 Packung frischer Filo- oder Yufkateig (250 g)
1–2 El schwarzer Sesam

AUSSERDEM
Öl zum Bestreichen

**FERTIG IN:
CA. 1 STUNDE 5 MINUTEN
(DAVON CA. 40 MINUTEN BACKZEIT)**

1. Den Spinat auftauen lassen. Die Pinienkerne in einer Pfanne ohne Fett goldgelb rösten. Die Zwiebel und den Knoblauch schälen und fein hacken.

2. Das Öl in einer Pfanne erhitzen und Zwiebel und Knoblauch darin bei milder Hitze anschwitzen. Den Spinat zugeben und ca. 5 Minuten erwärmen. Mit Salz und Pfeffer würzen, dann vom Herd nehmen und abkühlen lassen.

3. Inzwischen die Frischkäse-Alternative mit Hefeflocken vermischen und mit Salz und Pfeffer abschmecken. Den Tofu-„Feta" abtropfen lassen und zerkrümeln. Den Dill waschen, trocken schütteln und fein hacken. Alle vorbereiteten Zutaten in einer Schüssel mischen.

4. Den Backofen auf 220 °C (Ober-/Unterhitze) vorheizen. Ein Backblech mit Backpapier auslegen. 5 Teigblätter mit etwas Öl bestreichen und je 1 unbestrichenes Teigblatt genau darüberlegen. Den Rand der Teigblätter mit etwas Öl bestreichen und leicht überlappend nebeneinanderlegen, sodass eine lange Teigbahn entsteht.

5. Die Füllung auf dem unteren Teigdrittel verteilen, dabei ca. 3 cm rechts und links aussparen. Die Seitenränder einschlagen und von unten nach oben einrollen. Die Rolle schneckenförmig eindrehen. Mit etwas weiterem Öl bestreichen und mit Sesam bestreuen. Im Backofen auf der mittleren Schiene ca. 25 Minuten backen.

Wie hat's geschmeckt? ☆ ☆ ☆
Easy Peasy? 👨‍🍳 👨‍🍳 👨‍🍳

Tex-Mex-Bowl

Karamba, Karacho, ne Bowl! Für die nächste Fiesta machst du deine Familie mit dieser bunten Tex-Mex-Bowl glücklich. Schmeckt auch wunderbar beim Picknick unterwegs.

Für 4 Portionen
200 g Langkornreis
Salz
8 kleine Tortilla-Fladen
2 Avocados
1 El Limettensaft
4 Frühlingszwiebeln
150 g Crème-fraiche-Alternative (oder Joghurt-Alternative)

FÜR DIE TOMATENSALSA
2 große Tomaten
1 rote Zwiebel
4 Stiele Koriandergrün (ersatzweise Petersilie)
2 Tl Limettensaft
1 El Olivenöl
Salz
Pfeffer

FÜR DAS BOHNENMUS
1 Glas schwarze Bohnen (Abtropfgewicht 240 g)
1 Zwiebel
1 Knoblauchzehe
1 El Olivenöl
½ Tl gemahlener Kreuzkümmel

1. Den Reis in 400 ml leicht gesalzenem Wasser aufkochen und zugedeckt 15 Minuten köcheln lassen, dabei gelegentlich umrühren. Vom Herd nehmen und 5 Minuten ausquellen lassen.

2. Den Backofen auf 180 °C (Ober-/Unterhitze) vorheizen. Ein Backblech mit Backpapier auslegen. Die Tortilla-Fladen wie eine Torte achteln, nebeneinander auf dem Backpapier verteilen und im Ofen auf der mittleren Schiene 6–8 Minuten backen, dann herausnehmen.

3. Für die Tomatensalsa die Tomaten waschen, die Stielansätze entfernen und das Fruchtfleisch klein würfeln. Die Zwiebel schälen und fein würfeln. Den Koriander waschen, trocken schütteln, die Blätter abzupfen und klein hacken. Tomate mit Zwiebel, Koriander und restlichen Zutaten vermischen. Mit Salz und Pfeffer abschmecken.

4. Für das Bohnenmus die Bohnen in ein Sieb abschütten, abspülen und abtropfen lassen. Die Zwiebel und Knoblauchzehe schälen und fein hacken. Das Öl in einer Pfanne erhitzen und Zwiebel und Knoblauch darin anschwitzen.

> Wenn du die Bowl unterwegs essen möchtest, schichtest du alles aufeinander in passenden Gefäßen. Die Tortillastücke müssen getrennt davon aufbewahrt werden, damit sie nicht durchweichen.

1 Tl Limettensaft
Salz
Pfeffer
Chiliflocken nach Belieben

**FERTIG IN:
CA. 50 MINUTEN**

5. Bohnen, Zwiebel, Knoblauch, Kreuzkümmel, Limettensaft und 2 Esslöffel Wasser pürieren. Bei Bedarf etwas mehr Wasser untermixen. Mit Salz, Pfeffer und Chiliflocken abschmecken.

6. Die Avocado halbieren, den Kern entfernen und das Fruchtfleisch herauslösen. In Spalten schneiden, mit Limettensaft beträufeln und salzen und pfeffern. Die Frühlingszwiebeln waschen, putzen und schräg in Ringe schneiden.

7. Den Reis auf Schalen verteilen. Die Tomatensalsa, das Bohnenmus und die Avocado nebeneinander darauf verteilen. Mit Frühlingszwiebeln bestreuen und je 1 Klecks pflanzliche Crème fraîche in die Mitte geben. Mit den knusprigen Tortillastücken servieren.

Wie hat's geschmeckt? ☆ ☆ ☆
Easy Peasy? 👨‍🍳 👨‍🍳 👨‍🍳

Blumenkohl-„Wings"
MIT „REMOULADE"

Mit meinen Blumenkohl-„Wings" hast du eine leckere vegane Alternative zum Original aus Hähnchenfleisch. Die würzige Panade peppt das Gemüse auf und kommt so ganz nah an das Original. Stilecht kannst du die würzigen „Wings" auch mit einer veganen BBQ-Sauce servieren.

Für 4 Portionen

FÜR DIE WINGS
1 großer Blumenkohl
200 ml Hafer-Sahne-Alternative
50 g Kichererbsenmehl
1 El Hefeflocken
¼ Tl Kala Namak (s. S. 56)
½ Tl gemahlene Kurkuma
1 Tl Salz, Pfeffer
100 g Semmelbrösel
1 Tl geräuchertes Paprikapulver

FÜR DIE REMOULADE
200 g Seidentofu (Zimmertemperatur)
3 El Rapsöl
1 El Weißweinessig
1 El Zitronensaft
2 Tl scharfer Senf
¼ – ½ Tl Kala Namak
Salz, Pfeffer
4 kleine Gewürzgurken
3 El gemischte gehackte Kräuter

**FERTIG IN:
CA. 50 MINUTEN**
(DAVON CA. 30 MINUTEN BACKZEIT)

1. Den Blumenkohl putzen, waschen und in Röschen teilen. In einem tiefen Teller Hafer-Sahne, Kichererbsenmehl, Hefeflocken, Kala Namak, Kurkuma, Salz und Pfeffer verquirlen. In einem anderen Teller die Semmelbrösel mit Paprikapulver mischen und verteilen.

2. Den Backofen auf 200 °C (Ober-/Unterhitze) vorheizen. Ein Backblech mit Backpapier auslegen. Den Blumenkohl nacheinander in der Mehl-Sahnemischung und dann in Semmelbrösel wenden. Auf das Backpapier legen und im Backofen auf der mittleren Schiene ca. 30 Minuten backen, zwischendurch wenden.

3. Inzwischen für die Remoulade den Seidentofu abtropfen lassen. Den Tofu mit Öl, Essig, Zitronensaft, Senf, Kala Namak, Salz und Pfeffer mit einem Stabmixer cremig pürieren. Die Gewürzgurken klein hacken und mit den Kräutern untermischen. Nochmals abschmecken.

4. Die abgekühlten Blumenkohl-„Wings" in passende Behälter geben, die Remoulade getrennt davon aufbewahren.

> Die „Wings" lassen sich super transportieren und unterwegs snacken. Sie schmecken aber auch köstlich frisch aus dem Ofen!

Fly, chicken, fly!

Schnell gewickelt, noch schneller verputzt

Wie hat's geschmeckt? ☆ ☆ ☆
Easy Peasy? 👨‍🍳 👨‍🍳 👨‍🍳

Sommerrollen
MIT CHILI-DIP

Sommerrollen sind unsere Lieblinge an heißen Tagen. Eigentlich kann man sie mit allem füllen, was einem schmeckt – das Rezept unten ist also einfach mal eine Anregung. Wir lieben auch darin eingewickelten Sushi-Reis mit Avocado- und Gurkenstücken oder eine Füllung aus Glasnudeln, gerösteten Cashews und Möhrenspiralen. Die Variationsmöglichkeiten sind quasi unendlich – dabei ist alles superleicht hergestellt und die Kinder rollen gerne mit.

Für 16 Stück
100 g grüner Spargel
Salz
½ rote Paprikaschote
100 g Kohlrabi
100 g Papaya
1 Bund Koriander
8 Reispapierblätter
(22 cm Ø)
40 g Rote-Bete-Sprossen

AUSSERDEM
3 El Thai-Chili-Sauce oder Sojasauce zum Servieren

FERTIG IN:
CA. 30 MINUTEN

1. Den Spargel waschen, im unteren Drittel schälen, längs halbieren, dann in kochendem Salzwasser 4–5 Minuten blanchieren. Anschließend unter kaltem Wasser abschrecken.

2. Die Paprika waschen, putzen und entkernen. Kohlrabi putzen und schälen. Papaya schälen und entkernen. Alles in ca. 5 mm dicke und 10 cm lange Stifte schneiden. Den Koriander waschen, trocken tupfen und die Blätter abzupfen.

3. Eine große flache Schale mit kaltem Wasser bereitstellen und nach und nach die Reispapierblätter darin einweichen. Jeweils nach ca. 1 Minute aus dem Wasser nehmen, auf ein feuchtes Tuch legen und mit einer Schere halbieren. Den Spargel, die Gemüsestifte, die Sprossen und die Korianderblätter darauf verteilen, leicht salzen, dann fest aufrollen. Die Sommerrollen mit der Chili-Sauce oder etwas Sojasauce servieren.

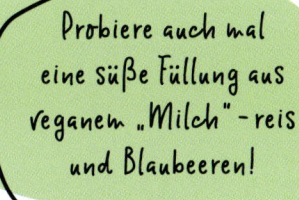

Probiere auch mal eine süße Füllung aus veganem „Milch"-reis und Blaubeeren!

Wie hat's geschmeckt? ☆ ☆ ☆
Easy Peasy? 👨‍🍳 👨‍🍳 👨‍🍳

Pita
MIT ERBSENFALAFEL UND ZITRONEN-TAHIN-DIP

Wir lieben Falafel! Deswegen möchte ich hier eine ganz tolle Variante mit Erbsen vorstellen. Und wenn die Bällchen frittiert werden, dann sind sie auch kalt noch wunderbar saftig. Wir genießen Falafel unterwegs stilecht mit Gemüse und Dip im Fladenbrot!

Für 4 Portionen
150 g getrocknete Kichererbsen
200 TK-Erbsen
1 Zwiebel, 1 Knoblauchzehe
½ Bund Petersilie
Saft von ½ Zitrone
1 Tl Natron
1 Tl gemahlener Kreuzkümmel
2 Tl Salz, 1 rote Zwiebel
¼ Salatgurke, 2 Tomaten
4 Salatblätter
4 Pitabrote

FÜR DEN DIP
1 Zitrone
1 kleine Knoblauchzehe
2 El Ahornsirup
3 El Tahin (Sesammus)
125 g Joghurt-Alternative
Salz, Pfeffer

AUSSERDEM
Pflanzenöl zum Frittieren

**FERTIG IN:
CA. 1 STUNDE**
(DAVOR CA. 12 STUNDEN EINWEICHZEIT)

1. Die Kichererbsen in kaltem Wasser 12 Stunden einweichen. Abgießen und abtropfen lassen.

2. Die TK-Erbsen auftauen lassen. Die Zwiebel und Knoblauchzehe schälen und grob hacken. Die Petersilie waschen, trocken schütteln und grob hacken. Kichererbsen, Zwiebel, Knoblauch, Petersilie, Zitronensaft, Natron, Kreuzkümmel und Salz in eine Küchenmaschine geben und alles so fein wie möglich zerkleinern. Mit befeuchteten Händen die Masse zu ca. 20 Bällchen formen.

3. Für den Dip die Zitrone halbieren und auspressen. Die Knoblauchzehe schälen und fein hacken. Zitronensaft, Knoblauch mit Ahornsirup, Tahin und Joghurt verrühren. Mit Salz und Pfeffer abschmecken.

4. Ausreichend Öl in einem weiten Topf heiß werden lassen. Zur Probe einen hölzernen Kochlöffel hineinhalten. Wenn sich rundherum Bläschen bilden, ist das Fett heiß genug.

5. Die Falafel darin portionsweise 4–5 Minuten frittieren. Mit einem Schaumlöffel herausholen und auf Küchenpapier abtropfen lassen.

6. Zum Servieren die Zwiebel schälen und in Ringe schneiden. Die Gurke und die Tomaten waschen und in Scheiben schneiden. Die Salatblätter waschen und trocken schütteln.

7. Die Pitabrote rösten und aufschneiden. Mit Salatblatt, Zwiebelringen Tomaten- und Gurkenscheiben belegen. Falafel hineingeben und mit dem Dip beträufeln.

Wie hat's geschmeckt? ☆ ☆ ☆
Easy Peasy? 👨‍🍳 👨‍🍳 👨‍🍳

Kartoffel-Möhren-Rösti
MIT KRÄUTER-"QUARK"

Die knusprigen Rösti sind ein weiterer Beweis, dass sich Gerichte mit einfachen Lebensmitteln unkompliziert in vegane Rezepte verwandeln lassen. Statt Ei verwende ich hier Leinmehl, das zudem noch für eine Extraportion gesunde Fette und Eiweiß sorgt.

Für 4 Portionen

FÜR DIE PUFFER
200 g Möhren
400 g festkochende Kartoffeln
4 El Leinmehl
Salz
Pfeffer

FÜR DEN KRÄUTERQUARK
1 Bund gemischte Kräuter
300 g Quark-Alternative (z. B. auf Soja- oder Mandelbasis)
1 El Zitronensaft
Salz
Pfeffer

AUSSERDEM
Bratöl zum Ausbraten

**FERTIG IN:
CA. 40 MINUTEN**

1. Die Möhren und Kartoffeln schälen und grob raspeln. Mit dem Leinmehl vermischen und kräftig mit Salz und Pfeffer würzen.

2. Ausreichend Öl in einer Pfanne erhitzen. Die Masse mithilfe eines Esslöffels hineingeben und flach drücken. Bei mittlerer Hitze von jeder Seite 8–10 Puffer ca. 5 Minuten goldbraun ausbacken und anschließend kurz auf Küchenkrepp abtropfen lassen.

3. Für den Kräuterquark die Kräuter waschen, trocken schütteln und fein hacken. Die Quark-Alternative mit dem Zitronensaft glatt rühren und die Kräuter untermischen. Mit Salz und Pfeffer würzen. Die Kartoffel-Möhren-Rösti entweder direkt mit dem Kräuterquark servieren oder vollständig abkühlen lassen, in eine Lunchbox geben und zusammen mit dem Quark kalt genießen.

Nice, nicer, Chia-Snack!

Wie hat's geschmeckt? ☆ ☆ ☆
Easy Peasy? 👨‍🍳 👨‍🍳 👨‍🍳

Chia-Snack
MIT HIMBEEREN

Hält satt, sieht gut aus, schmeckt süß und fruchtig, ist auch noch gesund – bei diesem Snack bleiben keine Wünsche offen.

Für 2 Portionen
20 g Chiasamen
250 ml Mandelmilch
60 g Himbeeren
1 Pfirsich
1 reife Mango
60 g Haselnüsse mit Schale

**FERTIG IN:
CA. 15 MINUTEN**

1. Zur Vorbereitung die Chiasamen in einer Schüssel mit Mandelmilch verrühren und ca. 15 Minuten quellen lassen.

2. Währenddessen Himbeeren und Pfirsich waschen und abtropfen lassen. Die Mango schälen, das Fruchtfleisch vom Kern schneiden und fein pürieren. Nun den Pfirsich vom Kern lösen und in Spalten schneiden. Anschließend die Haselnüsse grob hacken.

3. Die Chiasamen auf 2 Gläser verteilen, mit Mangopüree auffüllen und die Nüsse, Himbeeren und Pfirsichspalten daraufgeben.

» Beim Obst variiere ich nach Saison und Vorliebe – gibt es keine Pfirsiche oder Himbeeren, nehme ich eben im Frühsommer Kirschen und Erdbeeren, im Herbst Zwetschgen und Trauben, im Winter Orangen und Ananas und im Frühling auch mal tiefgekühlte Beeren. «

TO GO

Wie hat's geschmeckt? ☆ ☆ ☆
Easy Peasy? 👨‍🍳 👨‍🍳 👨‍🍳

Pide
MIT PAPRIKA-„HACK"-FÜLLUNG

Die gefüllten Teigschiffchen sind ein fester Bestandteil der türkischen Küche. Mit der würzigen Füllung aus pflanzlichem Hack schmecken sie nicht nur hervorragend, sondern sind auch perfekt für unterwegs geeignet.

Für 4 Portionen

FÜR DEN TEIG
400 g Mehl
1 Tl Salz
½ Würfel frische Hefe
½ Tl Zucker
1 El Joghurt-Alternative
1 Tl Olivenöl

FÜR DIE FÜLLUNG
400 g pflanzliche Hackfleisch-Alternative (TK oder frisch)
1 Zwiebel
1 Knoblauchzehe
2 rote Paprikaschoten
2 El Olivenöl
2 El Tomatenmark
1 Tl gemahlener Kreuzkümmel
1 Tl geräuchertes Paprikapulver
1 Tl getrockneter Oregano
5 Stiele Petersilie
Salz
Pfeffer

1. Für den Teig das Mehl in einer Schüssel mit dem Salz vermengen. In die Mitte eine Mulde formen. Die Hefe hineinbröckeln und mit Zucker und Joghurt verrühren. 250 ml lauwarmes Wasser mit dem Öl hinzufügen und alles zu einem leicht klebrigen Teig verkneten. Kräftig kneten, bis der Teig geschmeidig ist und sich vom Schüsselrand löst.

2. Auf einer bemehlten Arbeitsfläche weiterkneten, bis der Teig glatt und elastisch ist. Das dauert ca. 10 Minuten.

3. Die Teigkugel mit ein paar Tropfen Öl bepinseln und in eine Schüssel legen. Mit einem feuchten Tuch bedecken und an einem warmen Ort ca. 1 Stunde gehen lassen, bis sich ihr Volumen verdoppelt hat.

4. Inzwischen für die Füllung das Hack gegebenenfalls auftauen lassen. Die Zwiebel und den Knoblauch schälen und fein hacken. Die Paprikaschoten putzen, waschen und klein würfeln.

5. Das Öl in einer Pfanne erhitzen und Zwiebel und Knoblauch darin anschwitzen. Paprikawürfel, Tomatenmark, Gewürze und Oregano zufügen und kurz anbraten. Das Hack zugeben und bei mittlerer Hitze 10 Minuten braten.

6. Die Petersilie waschen, trocken schütteln und die Blätter fein hacken. Unter die Hackmischung rühren und alles mit Salz und Pfeffer würzen. Dann beiseitestellen.

7. Den Backofen auf 200 °C (Ober-/Unterhitze) vorheizen. 2 Backbleche mit Backpapier auslegen. Den Hefeteig auf einer bemehlten Arbeitsfläche noch einmal durchkneten und in 4 gleich große Stücke teilen. Diese zu Kugeln formen und mit

AUSSERDEM
Mehl für die Arbeitsfläche
Öl zum Bepinseln

**FERTIG IN:
CA. 2 STUNDEN
15 MINUTEN**
(DAVON CA. 1 STUNDE GEHZEIT
UND 30 MINUTEN BACKZEIT)

einem Nudelholz zu dünnen, länglichen Fladen in der Blechgröße ausrollen.

8. 2 Teigfladen auf jedes Backblech legen. Jeweils ein Viertel der Füllung gleichmäßig darauf verteilen, dabei rundherum einen ca. 3 cm breiten Rand frei lassen. Die Ränder an den Längsseiten über die Füllung schlagen und die Randspitzen an den Schmalseiten senkrecht fest zusammendrücken, sodass Schiffchen entstehen. Die Pide im Backofen ca. 30 Minuten goldbraun backen und warm oder kalt servieren.

TO GO

Wie hat's geschmeckt? ☆ ☆ ☆
Easy Peasy? 👨‍🍳 👨‍🍳 👨‍🍳

Kebap „Greek Style"
MIT TOFU-„FETA" UND „ZAZIKI"

Hier landen alle Zutaten des griechischen Salatklassikers in einem knusprigen Fladenbrot. On top gibt es eine aromatische vegane „Feta"-Variante aus Tofu.

Für 4 Portionen

FÜR DEN TOFU-„FETA"
200 g fermentierter Tofu (ersatzweise Naturtofu)
2 Knoblauchzehen
1 Tl Pfefferkörner
200 ml Olivenöl
je 1 Tl getrockneter Oregano, Thymian, Rosmarin
1 Tl Salz

FÜR DAS ZAZIKI
½ Salatgurke
2 Knoblauchzehen
200 g Joghurt-Alternative (z. B. Soja)
200 g Quark-Alternative
1 Spritzer Zitronensaft
Salz
Pfeffer

FÜR DIE FÜLLUNG
50 g schwarze Oliven (ohne Stein)
4 Tomaten
1 rote Zwiebel
1 Romana-Salatherz
Salz

1. Für den Tofu-„Feta" den Tofu abtropfen lassen und in Würfel schneiden. Den Knoblauch schälen und fein hacken. Die Pfefferkörner andrücken. Alle vorbereiteten Zutaten mit Olivenöl, Kräutern und Salz in ein Einmachglas geben und über Nacht marinieren.

2. Für das Zaziki die Gurke schälen, längs halbieren und die Kerne mithilfe eines Löffels herauskratzen. Die Gurke grob raspeln. Den Knoblauch schälen und durch die Presse drücken. Joghurt mit Quark verrühren. Gurkenraspel und Knoblauch unterrühren. Mit Zitronensaft, Salz und Pfeffer abschmecken.

3. Für die weitere Füllung die Oliven in Scheiben schneiden. Die Tomaten waschen, die Stielansätze herausschneiden und das Fruchtfleisch in Scheiben schneiden. Die Zwiebel schälen und in Ringe schneiden. Den Romana putzen, waschen und abtropfen lassen.

> Fermentierter Tofu ist im gut sortierten Bio-Supermarkt erhältlich. Bei der Herstellung wird frischer Tofu zusätzlich mit veganen Kulturen (Milchsäurebakterien) fermentiert. Dadurch erhält der Tofu einen mild säuerlichen Geschmack, der sich wunderbar als „Feta"-Ersatz eignet.

Pfeffer
Chiliflocken nach Belieben

AUSSERDEM
4 kleine Fladenbrote
(ersatzweise 1 Fladenbrot)

**FERTIG IN:
CA. 30 MINUTEN**
(DAVOR WIRD ÜBER NACHT
MARINIERT)

4. In die Fladenbrote jeweils eine Tasche schneiden (ersatzweise das Fladenbrot vierteln und ebenfalls aufschneiden). Mit Salatblättern, Zwiebelringen und Tomatenscheiben belegen. Mit Zaziki füllen und Tofu-„Feta" und Oliven darübergeben. Nach Belieben mit Chiliflocken würzen.

TO GO

Wie hat's geschmeckt? ☆ ☆ ☆
Easy Peasy? 👨‍🍳 👨‍🍳 👨‍🍳

Kichererbsensalat
MIT GEMÜSE UND ORANGENFILETS

Diesen Salat kannst du problemlos schon am Vorabend zubereiten und am nächsten Tag einfach einpacken. Er hält richtig lange satt und ist ein echter Vitaminbooster.

Für 2 Gläser (à 1 Liter)

250 g Kichererbsen aus dem Glas
1 kleine Fenchelknolle mit Grün
2 kleine Möhren
1 kleiner Apfel
6 El Zitronensaft
1 kleines Bund glatte Petersilie
1 Orange
2 El Mandelmus
2 Tl Agavendicksaft
Salz
Pfeffer

**FERTIG IN:
CA. 20 MINUTEN**

1. Die Kichererbsen in ein Sieb geben, abspülen und abtropfen lassen.

2. Die Fenchelknolle waschen, trocken tupfen, putzen und dabei den Strunk entfernen. Dann auf der Gemüsereibe in feine Raspel hobeln. Das Fenchelgrün getrennt hacken. Die Möhren schälen, putzen und ebenfalls raspeln. Den Apfel waschen, vierteln und das Kerngehäuse entfernen. Das Fruchtfleisch in kleine Würfel schneiden und mit 2 Teelöffeln Zitronensaft mischen. Die Petersilie waschen, trocken schleudern und die Blättchen grob hacken. Die Orange schälen, filetieren und den austretenden Saft dabei auffangen.

3. Den Orangensaft mit dem restlichen Zitronensaft, Mandelmus und Agavendicksaft verquirlen. Pikant salzen und pfeffern.

4. Das Dressing in die Gläser füllen. Darüber die Kichererbsen schichten. Dann Fenchel, Möhren, Apfelwürfel und Orangenfilets. Obenauf die gehackte Petersilie und das gehackte Fenchelgrün. Vor dem Servieren kräftig schütteln oder vorsichtig unterheben.

> Wenn du oder deine Familie nicht die größten Fenchel-Fans sind, kannst du einfach mehr Möhren verwenden.

TO GO

Wie hat's geschmeckt? ☆ ☆ ☆
Easy Peasy? 👨‍🍳 👨‍🍳 👨‍🍳

Bauernbrotstulle
MIT PILZBACON

Die festfleischigen Kräuterseitlinge sind eine meiner liebsten Allrounder und eignen sich wunderbar für den „Fake-Speck". Das rauchige Aroma und die knusprige Konsistenz der Pilze wertet jedes Sandwich auf.

Für 4 Portionen

FÜR DEN PILZBACON
400 g Kräuterseitlinge
1 gehäufter Tl geräuchertes Paprikapulver
5 El Olivenöl
2 El Ahornsirup
Rauchsalz (ersatzweise Salz)

FÜR DIE BROTE UND DEN RESTLICHEN BELAG
8 Scheiben dunkles Bauernbrot
2 Avocados
4 Radieschen
200 g veganer Aufstrich (FP, z. B. Paprika oder Tomate)
1 Beet Kresse

**FERTIG IN:
CA. 1 STUNDE
(DAVON CA. 40 MINUTEN BACKZEIT)**

1. Die Kräuterseitlinge putzen und in ca. 4 mm dicke Scheiben schneiden. Den Backofen auf 200 °C (Ober-/Unterhitze) vorheizen. Ein Backblech mit Backpapier auslegen.

2. Paprikapulver, Öl und Ahornsirup zu einer Marinade mischen und die Pilzstreifen darin wenden. Auf dem Backpapier verteilen (die Pilze schrumpfen beim Backen, daher dürfen sie ruhig ganz eng aneinanderliegen), mit Rauchsalz bestreuen und 40 Minuten auf der mittleren Schiene knusprig backen. Zwischendurch wenden.

3. Inzwischen das Brot nach Belieben rösten oder grillen. Die Avocados halbieren, den Kern entfernen, das Fruchtfleisch mithilfe eines Löffels herauslösen und in Scheiben schneiden. Die Radieschen waschen, putzen und in dünne Scheiben schneiden.

4. Jeweils eine Brotscheibe mit Aufstrich bestreichen. Radieschen- und Avocadoscheiben darauf verteilen. Mit dem Pilzbacon belegen. Kresse vom Beet schneiden und darüberstreuen. Mit der zweiten Brotscheibe belegen.

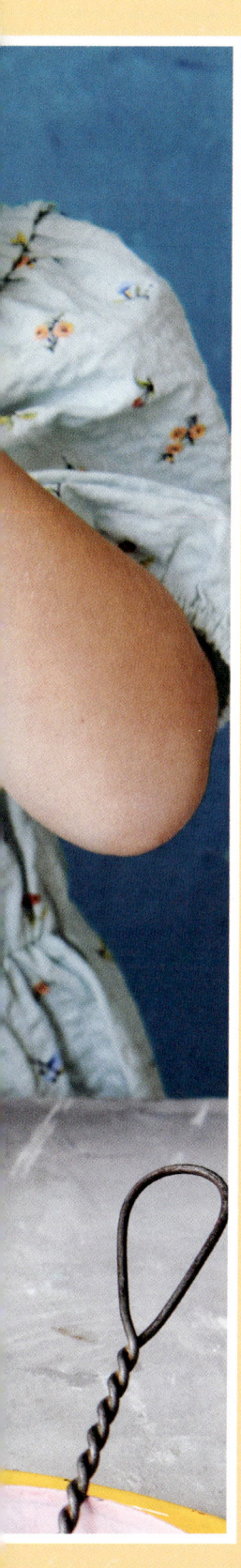

SWEETS

EIN LEBEN OHNE SÜSSES IST MÖGLICH, ABER SINNLOS

Es ist das Tüpfelchen auf dem I nach einem leckeren Essen, zaubert uns zwischendurch ein Lächeln auf das Gesicht und macht den Sonntagnachmittag einfach perfekt. Süßes in Form von Desserts, Süßspeisen, Kuchen und Törtchen braucht man einfach ab und an. Was man allerdings nicht dafür braucht sind Eier, Sahne, Quark oder Butter. Die Rezepte dieses Kapitels liefern dafür den besten Beweis und zeigen dir, dass Süßes auch in einer veganen Ernährung seinen festen Platz haben kann.

Wie hat's geschmeckt? ☆ ☆ ☆
Easy Peasy? 👨‍🍳 👨‍🍳 👨‍🍳

Zimt-Hefeblume

Selbst gemachter Hefeteig mit Zimt-Zucker ist einfach ein Klassiker, der auch in rein pflanzlicher Version vollkommen überzeugt. Besonders, wenn er in Form dieser hübschen Blume daherkommt. Ein Rezept, das viel hermacht und ganz einfach zu backen ist!

Für 4–6 Portionen
500 g Weizenmehl (Type 405)
1 Prise Salz
½ Würfel frische Hefe (20 g)
40 g Rohrohrzucker
250 ml lauwarmer Pflanzendrink (z. B. Hafer oder Soja)
½ Tl gemahlene Vanille
120 g weiche Butter-Alternative

FÜR DIE FÜLLUNG
100 g Butter-Alternative
60 g Rohrohrzucker
1–2 Tl Zimt

AUSSERDEM
Mehl für die Arbeitsfläche

**FERTIG IN:
CA. 2 STUNDEN 20 MINUTEN**
(DAVON CA. 1 STUNDE 15 MINUTEN ZUM GEHEN UND 35 MINUTEN BACKZEIT)

1. Das Mehl in einer Schüssel mit dem Salz vermengen. In die Mitte eine Mulde drücken. Die Hefe hineinbröckeln und mit 1 Esslöffel Zucker, dem Pflanzendrink und etwas Mehl vom Rand zu einem Vorteig vermengen. Abgedeckt 15 Minuten stehen lassen.

2. Den restlichen Zucker, Vanille und Butter hinzufügen und alles ca. 12 Minuten zu einem geschmeidigen Teig verkneten. Abgedeckt an einem warmen Ort ca. 1 Stunde gehen lassen, bis sich das Volumen verdoppelt hat.

3. Ein Backblech mit Backpapier auslegen. Den Backofen auf 170 °C (Ober-/Unterhitze) vorheizen. Für die Füllung die Butter zerlassen. Dann vom Herd nehmen. Zucker mit Zimt mischen.

4. Den Teig auf leicht bemehlter Arbeitsfläche nochmals kurz durchkneten und in 4 gleich große Stücke teilen. Jedes Teigstück zu einer Kugel formen, zu einem Kreis (ca. 28 cm Ø) ausrollen. Den ersten Teigkreis auf das Backblech legen. Mit etwa ⅓ der Butter bestreichen und ⅓ der Zimt-Zucker-Mischung daraufstreuen. Den zweiten Teigkreis bündig darauflegen, ebenso bestreichen und bestreuen. Mit dem dritten Teigkreis ebenso verfahren. Den vierten Teigkreis als Deckel auflegen.

5. Mit einem runden Ausstecher oder Glas (6–7 cm Ø) in die Mitte einen Abdruck stanzen, dabei nicht durchstechen. Den Teigkreis in 16 Stücke schneiden, dabei immer nur bis zum runden Abdruck in der Mitte schneiden.

6. Jeweils zwei nebeneinanderliegende Teigstränge anheben und nach außen gegeneinanderdrehen. Die Enden zusammendrücken und umschlagen. Im Backofen auf der mittleren Schiene ca. 35 Minuten backen. Herausnehmen und abkühlen lassen.

Sweet dreams are made of this...

Wie hat's geschmeckt? ☆ ☆ ☆
Easy Peasy? 👨‍🍳 👨‍🍳 👨‍🍳

Himbeer-„Cheesecake"

Cheesecake gehört für uns zu den leckersten Kuchen, die es gibt. Mit einfachen Zutaten lässt er sich auch rein pflanzlich herstellen und steht dem Original in nichts nach. Unbedingt nachbacken!

**Für 12 Stücke
(Springform 26 cm Ø)**

FÜR DEN BODEN
250 g Dinkelmehl
(Type 630)
30 g Kakaopulver
2 El Rohrzucker, Salz
140 g Butter-Alternative

FÜR DIE FÜLLUNG
80 g weiche Butter-Alternative
400 g Seidentofu
200 g Naturtofu
40 g Maisstärke
1 Tl gemahlene Vanille
1 Prise Salz
Saft und Abrieb von
1 unbehandelten Zitrone
100 g Rohrzucker
150 g Himbeeren
(TK oder frisch)

AUSSERDEM
Backpapier für
die Springform

**FERTIG IN:
CA. 1 STUNDE 55 MINUTEN**
(DAVON CA. 30 MINUTEN
ZUM KÜHLEN UND 1 STUNDE
ZUM BACKEN)

1. Für den Mürbeteig das Mehl mit dem Kakaopulver, Zucker und 1 Prise Salz mischen. Die Butter dazugeben und alles mit den Händen zu einer krümeligen Masse verarbeiten. 2–3 Esslöffel eiskaltes Wasser dazugeben, alles verkneten. Den Teig zu einer Kugel formen und in Folie gewickelt ca. 30 Minuten kühl stellen.

2. Den Backofen auf 180 °C (Ober-/Unterhitze) vorheizen. Die Springform mit Backpapier auslegen, den Mürbeteig auf dem Boden verteilen und dabei einen Rand hochziehen.

3. Für die Füllung alle Zutaten, außer die Himbeeren, in einer Küchenmaschine zu einer geschmeidigen Masse mixen. Zwei Drittel der Masse in die Form füllen. Die Himbeeren darauf verteilen und den Rest der Masse darübergeben.

4. Den Kuchen im Ofen 55–60 Minuten backen, bis die Oberfläche leicht gebräunt ist.

5. Den Kuchen aus dem Backofen nehmen und in der Form vollständig auskühlen lassen, denn die Masse ist im warmen Zustand noch nicht ganz fest.

SWEETS

> Marzipan ist eine süße Masse, die in erster Linie aus gemahlenen, geschälten Mandeln und Zucker besteht und daher meistens vegan ist. Einige Hersteller verwenden allerdings Bienenhonig für Marzipan. Dieser ist nicht vegan, achte daher auf die Inhaltsstoffe!

Wie hat's geschmeckt? ☆☆☆
Easy Peasy? 👨‍🍳👨‍🍳👨‍🍳

Apfelkuchen
MIT MARZIPANSTREUSELN

So ein Apfelkuchen ist schon was Feines. Wenn dann noch Marzipanstreusel dazukommen, kann einfach niemand widerstehen.

**Für 12 Stücke
(Springform 24 cm Ø)**

FÜR DEN BELAG
850 g säuerliche Äpfel z. B. Boskop oder Elstar
Saft von ½ Zitrone
½–1 Tl Zimt
50 g Rohrohrzucker

FÜR DEN TEIG
250 g Dinkelmehl (Type 630)
50 g Rohrohrzucker
1 Tl Backpulver
Salz
140 g natives Kokosöl

FÜR DIE STREUSEL
100 g Marzipan-Rohmasse
40 g weiches natives Kokosöl
70 g Mehl, 1 Prise Salz
30 g gemahlene Mandeln

AUSSERDEM
Kokosöl für die Form

**FERTIG IN:
CA. 1 STUNDE 45 MINUTEN**
(DAVON CA. 30 MINUTEN RUHEZEIT UND 45 MINUTEN BACKZEIT)

1. Die Äpfel waschen, vierteln und vom Kerngehäuse befreien. In 3 mm dünne Scheiben schneiden und mit Zitronensaft, Zimt und 50 g Zucker vermischen. Ziehen lassen.

2. Für den Teig das Mehl mit Zucker, Backpulver und 1 Prise Salz mischen. Das Kokosöl zufügen und alles rasch zu Krümeln verarbeiten. Nach und nach 3–4 Esslöffel eiskaltes Wasser zufügen, bis sich die Krümel zu größeren Klumpen verbinden. Alles mit den Händen schnell verkneten, den Teig zu einer Kugel formen, flach drücken und in Frischhaltefolie gewickelt 30 Minuten kalt stellen.

3. Für die Streusel die Marzipan-Rohmasse in kleine Stücke schneiden und in eine Rührschüssel geben. Kokosöl hinzufügen und alles mit einem Mixer gut vermengen. Mehl, Salz und Mandeln hinzufügen und alles mit den Händen zu Streuseln verarbeiten.

4. Den Backofen auf 180 °C (Ober-/Unterhitze) vorheizen. Die Springform ausfetten. Den Teig auf einer leicht bemehlten Arbeitsfläche (ggf. zwischen zwei Lagen Frischhaltefolie) ausrollen und in die Springform geben, dabei einen 2 cm hohen Rand formen.

5. Die Äpfel darauf verteilen. Die Streusel darübergeben. Im Backofen auf der mittleren Schiene ca. 45 Minuten backen. Herausnehmen, etwas abkühlen und erst dann aus der Form lösen.

SWEETS

Wie hat's geschmeckt? ☆ ☆ ☆
Easy Peasy? ♟ ♟ ♟

Healthy Angel

Bei Freak Shakes gilt das Motto: mehr ist mehr! Dieser hier ist dabei auch noch richtig gesund! Mit Beeren und süßem Obst wird die Lust auf Süßes gestillt, die Optik ist grandios und dabei ist das Ganze auch noch voller Vitalstoffe. Gerade im Sommer die perfekte Alternative zu einem Stück Kuchen.

Für 2 Freak Shakes

FÜR DIE DEKO
1 P. vegane Schlagcreme zum Anrühren
12 Datteln ohne Stein
½ Tl natives Kokosöl
2 Feigen
8 frische Deko-Beeren
getrocknete und gefriergetrocknete Beeren und Früchte (z. B. Banane, Himbeeren etc.)
Kokosflocken, alternativ Kokosraspel
Amaranth-Pops
2–4 El Blaubeer- oder Brombeersauce
1 Handvoll gefrorene Beeren
2 vegane Kekse nach Wahl

FÜR DIE NICECREAM
200 g gefrorene Bananenscheiben
200 g gefrorene Erdbeeren oder Himbeeren
100 ml Mandelmilch

**FERTIG IN:
CA. 30 MINUTEN**

1. Die vegane Schlagcreme nach Anweisung zubereiten, in einen mit einer Tülle versehenen Spritzbeutel füllen und kühl stellen.

2. Datteln und Kokosöl mit 1 Teelöffel heißem Wasser in einem Blender oder Blitzhacker zu einer dicken, streichfähigen Paste mixen. Gegebenenfalls die Wassermenge sanft erhöhen. Diese „Karamellcreme" 10 Minuten kalt stellen. Währenddessen die Feigen vierteln und mit den Deko-Beeren auf Spieße stecken.

3. Für die Nicecream Bananen, Beeren und Mandelmilch 30 Sekunden hochtourig mixen.

4. „Karamellcreme" dick auf die Glasränder streichen und mit getrockneten Früchten, Kokosflocken und Amaranth-Pops bekleben. Die Beerensauce in das Glas streichen, dann die Nicecream in die Gläser füllen und die Spieße hineinstecken. Mit einer Schlagcremehaube besprühen, mit gefrorenen Beeren belegen und mit je 1 Keks servieren.

Wie hat's geschmeckt? ☆ ☆ ☆
Easy Peasy? 👨‍🍳 👨‍🍳 👨‍🍳

Schoko-Brownies
MIT MANDELN

Für alle Naschkatzen ein leckerer veganer Schokotraum, der keine Wünsche offen lässt. Übrigens ist das Rezept auch perfekt dazu geeignet, eine überreife Banane zu verarbeiten.

Für 12 Stück
100 g Zartbitterschokolade (70 %)
100 g Mandeln
150 g gemahlene Mandeln
2 El Kakaopulver
1 Tl Natron
Salz
1 reife Banane
5 El Ahornsirup
3 El Mandelmus
3 El Pflanzendrink (z. B. Mandel oder Hafer)

AUSSERDEM
Backform (ca. 20 x 20 cm)
Puderzucker zum Bestäuben

**FERTIG IN:
CA. 1 STUNDE**
(DAVON CA. 30 MINUTEN BACKZEIT)

1. Die Schokolade über dem Wasserbad schmelzen und anschließend wieder etwas abkühlen lassen.

2. Die Mandeln grob hacken. Den Backofen auf 160 °C (Ober-/Unterhitze) vorheizen. Die Form mit Backpapier auslegen.

3. In einer Schüssel gemahlene und gehackte Mandeln, Kakaopulver, Natron und Salz mischen. Die Banane zerdrücken und mit Ahornsirup, Mandelmus und Pflanzendrink unterrühren. Die Schokolade zufügen.

4. Die Masse in die Backform geben und verstreichen. Im Backofen auf der mittleren Schiene ca. 30 Minuten backen. Dann herausnehmen, in der Form abkühlen lassen und zum Servieren in Riegel schneiden.

Wie hat's geschmeckt? ☆ ☆ ☆
Easy Peasy? 👨‍🍳 👨‍🍳 👨‍🍳

Kaiserschmarrn
MIT MANDELN UND APFELMUS

Der Nachspeisen-Klassiker aus Österreich! Und ich kann euch verraten: Er schmeckt ganz vorzüglich ohne tierische Produkte.

Für 4 Portionen

150 Dinkelmehl (Type 630)
50 g Rohrohzucker
½ Tl gemahlene Vanille
1 El Backpulver
1 Prise Salz
300 ml Sojadrink
80 ml Mineralwasser
1 El Apfelessig
3 El Butter-Alternative
50 g Mandelblättchen

AUSSERDEM
Puderzucker zum Bestäuben
Apfelmus und/oder Preiselbeeren zum Servieren

**FERTIG IN:
CA. 30 MINUTEN**

1. Für den Kaiserschmarrn Mehl, Zucker, Vanille, Backpulver und Salz in eine Schüssel geben. Sojadrink, Mineralwasser und Essig zufügen und alles zu einem glatten Teig verquirlen.

2. Die Butter-Alternative in einer beschichteten Pfanne erhitzen. Den Teig hineingeben und darin bei schwacher Hitze zugedeckt 6–8 Minuten stocken lassen. Mithilfe des Deckels oder von zwei Pfannenwendern wenden.

3. Bei schwacher Hitze zugedeckt weitere 3–4 Minuten backen, dann in kleinere Stücke reißen. Die Mandelblättchen zufügen und mit Puderzucker bestäuben. Den Kaiserschmarrn bei mittlerer Hitze rösten, bis er goldbraun und nicht mehr klebrig ist.

4. Mit weiterem Puderzucker bestäuben und mit Apfelmus und/oder Preiselbeeren servieren.

Wie hat's geschmeckt? ☆ ☆ ☆
Easy Peasy? 👨‍🍳 👨‍🍳 👨‍🍳

Pflaumen-Crostata
AUS VOLLKORNMEHL

Für diesen Kuchen brauchst du keine Form, die Optik ist schön rustikal und der Geschmack pur, süß und fruchtig. Wir lieben ihn und machen ihn sehr regelmäßig zu Hause. Den Teig kannst du locker schon zwei Tage im Voraus zubereiten und im Kühlschrank lagern.

Für 12 Stücke

FÜR DEN TEIG
300 g Dinkelvollkornmehl
50 g Zucker
½ Tl Salz
150 g kalte Butter-Alternative

FÜR DIE FÜLLUNG
850 g Pflaumen
30 g Zucker
1 P. Vanillezucker
1 Tl Zimt

AUSSERDEM
Mehl für die Arbeitsfläche

**FERTIG IN:
CA. 1 STUNDE 10 MINUTEN**
(DAVON CA. 30 MINUTEN BACKZEIT)

1. Für den Teig Mehl, Zucker und Salz in einer Schüssel mischen. Die Butter zugeben und alles zu einem geschmeidigen Teig verarbeiten. Gegebenenfalls 2–3 Esslöffel eiskaltes Wasser zugeben. In Folie gewickelt etwa 30 Minuten kühl stellen.

2. Inzwischen den Backofen auf 180 °C (Umluft) vorheizen. Ein Backblech mit Backpapier belegen. Die Pflaumen waschen, halbieren und entsteinen. Zucker, Vanillezucker und Zimt vermischen.

3. Den Teig auf einer bemehlten Arbeitsfläche dünn zu einem Kreis mit ca. 30 cm Durchmesser ausrollen und auf das Backpapier legen.

4. Die Pflaumen von außen nach innen auf den Teig legen, dabei einen Rand von ca. 3 cm frei lassen.

5. Die Pflaumen mit der Zuckermischung bestreuen. Den Teigrand einklappen und die Crostata auf der unteren Schiene im Backofen ca. 30 Minuten backen.

SWEETS

Wie hat's geschmeckt? ☆ ☆ ☆
Easy Peasy? 👨‍🍳 👨‍🍳 👨‍🍳

Apfel-Zimt-Waffeln
MIT NOUGATCREME

Meine Waffeln liefern den Beweis: Backen ohne tierische Produkte kann so einfach sein. Ganz ohne Schnickschnack, dafür mit ganz viel Geschmack. Da greifen nicht nur die Kleinen gerne zu!.

**Für 4 Portionen
(ca. 8 kleine, runde
belgische Waffeln)**

1 kleiner Apfel (ca. 150 g)
180 g Dinkelmehl
(Type 630)
1 ½ Tl Backpulver
½ Tl Natron
1 Tl Zimt
Salz
50 g gemahlene Mandeln
240 ml Haferdrink
4 El Ahornsirup
1 Tl Apfelessig
4 El vegane Nuss-Nougat-Creme

AUSSERDEM
Bratöl zum Ausbacken
Puderzucker zum Bestäuben

**FERTIG IN:
CA. 20 MINUTEN**

1. Den Apfel waschen, schälen, vierteln, das Kerngehäuse entfernen und das Fruchtfleisch fein raspeln.

2. Das Mehl mit Backpulver, Natron, Zimt, Salz und gemahlenen Mandeln mischen. Den Haferdrink mit Ahornsirup und Apfelessig verrühren. Die trockenen und flüssigen Zutaten rasch zu einem geschmeidigen Teig verrühren.

3. Das Waffeleisen vorheizen und einölen. Anschließend pro Waffel etwa 2 Esslöffel Teig mittig auf die untere Backfläche geben. Den Deckel schließen und die Waffeln knusprig backen. Auf ein Gitterrost geben und die restlichen Waffeln portionsweise fertig backen.

4. Die Nuss-Nougat-Creme im Wasserbad erwärmen, damit sie flüssiger ist.

5. Zum Servieren die Waffeln mit Puderzucker bestäuben und mit der Nuss-Nougat-Creme beträufeln.

Wie hat's geschmeckt? ☆ ☆ ☆
Easy Peasy? 👨‍🍳 👨‍🍳 👨‍🍳

Bananen-Pancakes
MIT AHORNSIRUP

Ob zum Sonntagsfrühstück, als Nachspeise oder für zwischendurch: die kleinen Pfannkuchen sind bei uns heiß geliebt. Dabei kommen sie ohne Ei, Butter & Co. aus. Für ein bisschen Raffinesse sorgt das cremige Erdnussmus.

Für 4 Portionen (ca. 12 Pancakes)
4 reife Bananen
300 ml Sojadrink
160 g Dinkelmehl (Type 630)
2 Tl Backpulver
1 Prise Salz
1 El Erdnussmus
2 El Kokosöl

AUSSERDEM
Ahornsirup zum Servieren

**FERTIG IN:
CA. 20 MINUTEN**

1. Zwei Bananen mit der Gabel zerdrücken. Mit Sojadrink, Dinkelmehl, Backpulver, Salz und Erdnussmus in ein hohes Gefäß geben und mit dem Stabmixer pürieren, bis ein glatter Teig entstanden ist.

2. Die übrigen Bananen in Scheiben schneiden. In einer Pfanne etwas Kokosöl erhitzen und pro Pancake etwas Teig in die Pfanne geben. Bei mittlerer Hitze 4–5 Minuten backen. Einige Bananenscheiben darauf verteilen, wenden und die Pancakes fertig braten. Die Pancakes mit Ahornsirup beträufeln und servieren.

Wie hat's geschmeckt? ☆ ☆ ☆
Easy Peasy? 👨‍🍳 👨‍🍳 👨‍🍳

Mousse au Chocolat

Die Mousse ist ein echter Schokotraum! Seidentofu bringt kaum Eigengeschmack mit, dafür gibt er mit seiner Cremigkeit der Mousse die perfekte Konsistenz. Die Nachspeise hat bei mir schon manchen Skeptiker davon überzeugt, dass vegane Desserts tatsächlich funktionieren.

Für 4 Portionen
180 g vegane Zartbitterkuvertüre
400 g zimmerwarmer Seidentofu
1 Vanilleschote
60 g Agavendicksaft

AUSSERDEM
Kakaopulver zum Servieren

**FERTIG IN:
CA. 1 STUNDE 25 MINUTEN**
(DAVON CA. 1 STUNDE KÜHLZEIT)

1. Die Kuvertüre grob hacken und in einer Metallschüssel über dem Wasserbad unter Rühren schmelzen. Anschließend etwas abkühlen lassen.

2. Inzwischen den Seidentofu abtropfen lassen. Die Vanilleschote mit einem scharfen Messer längs aufschneiden und das Mark herausschaben. Seidentofu mit Vanille und Agavendicksaft mit den Quirlen eines Handrührgerätes aufschlagen. Die geschmolzene Kuvertüre unterrühren.

3. Die Mousse in vier Gläser füllen und im Kühlschrank ca. 1 Stunde kühl stellen. Zum Servieren mit etwas Kakaopulver bestäuben.

> Die Mousse lässt sich auch wunderbar abwechselnd mit veganen Keksbröseln und Beeren in Gläser schichten.

SWEETS

Wie hat's geschmeckt? ☆ ☆ ☆
Easy Peasy? 👨‍🍳 👨‍🍳 👨‍🍳

Erdbeer-Nuss-Törtchen
MIT KOKOSCHIPS

Bei diesen Kühlschranktörtchen kommt Begeisterung auf. Sie sehen toll aus und schmecken fantastisch. Die Qualität der Erdbeeren ist wichtig. Verwende nur wirklich reife, süße Exemplare. Sind diese nicht zu bekommen, wandle einfach mit anderen Obst- und Beerensorten ab.

Für 4 Stück
130 g Cashewkerne
60 g Mandeln
40 g Walnüsse
1 Prise Meersalz
20 g Kokosnussöl
200 g Erdbeeren
40 g Rohrohrzucker
10 g Kokoschips

AUSSERDEM
4 Dessertringe (6,5 cm Ø)

**FERTIG IN:
CA. 12 STUNDEN**
(REINE ZUBEREITUNGSZEIT
SIND NUR 15 MINUTEN)

1. Die Cashewkerne mit reichlich Wasser bedecken und über Nacht darin einweichen.

2. Am nächsten Tag die Mandeln und Walnüsse grob mahlen. Meersalz und Kokosnussöl unterheben und alles gründlich verkneten. Anschließend den Teig auf vier Dessertringe verteilen und leicht andrücken. Während der Zubereitung der Erdbeercrème in den Gefrierschrank stellen.

3. Die Erdbeeren waschen, mit einem Küchentuch trocken tupfen, das Grün entfernen und die Beeren vierteln. Die Cashewkerne durch ein Sieb abgießen und abtropfen lassen. Zusammen mit den Erdbeeren fein pürieren und den Zucker darunterrühren. Gleichmäßig in die gekühlten Formen verteilen und noch einmal für 1 ½ Stunden gefrieren lassen.

4. Anschließend die Törtchen leicht antauen lassen, aus den Formen lösen und mit Kokoschips garniert servieren.

SWEETS

Wie hat's geschmeckt? ☆ ☆ ☆
Easy Peasy? 👨‍🍳 👨‍🍳 👨‍🍳

Beeren-Kokos-Trifle

Direkt aus dem Glas löffeln! Fruchtige Beeren, knusprige Schokokekse und eine feine Vanille-Kokos-Creme! Voilà – fertig ist meine pflanzliche Version des englischen Klassikers.

Für 4 Portionen
4 El Kokoschips
400 g gemischte Beeren (z. B. Himbeeren, Blaubeeren, Brombeeren etc.)
2–3 El Agavendicksaft
400 g Quark-Alternative
250 g Kokos-Joghurt-Alternative
½ Tl gemahlene Vanille
200 g vegane Schokokekse (Fertigprodukt)

**FERTIG IN:
CA. 15 MINUTEN**

1. Die Kokoschips in einer Pfanne ohne Fett rösten, bis sie anfangen zu duften, dann beiseitestellen.

2. Die Beeren vorsichtig waschen und trocken tupfen. Ein paar Beeren für die Dekoration beiseitelegen. Die restlichen Beeren nach Belieben mit 1 Esslöffel Agavendicksaft pürieren.

3. Die Quark-Alternative mit dem Kokosjoghurt, der gemahlenen Vanille und dem übrigem Agavendicksaft in einer Schüssel verrühren. Die Kekse grob hacken.

4. Zum Servieren die Keksbrösel, die Kokoscreme und das Beerenpüree abwechselnd auf vier Gläser verteilen. Zuletzt mit den übrigen Beeren und Kokoschips bestreuen. Nach Belieben im Kühlschrank noch etwas durchziehen lassen.

Rezeptverzeichnis

A

Apfel-Zimt-Waffeln mit Nougatcreme	133
Apfelkuchen mit Marzipanstreuseln	123
Asia-Gemüsepasta mit Tofu und Erdnüssen	79
Asia-Reisnudeln mit Knuspertofu und Erdnüssen, gebratene	75
Avocado mit scharfer Cashew-„Mayonnaise", gefüllte	14

B

Bananen-Pancakes mit Ahornsirup	134
Bánh mì mit pulled Kräuterseitlingen	90
Bauernbrotstulle mit Pilzbacon	114
BBQ-Bohneneintopf mit „Sour Cream" und Mais-Chips	26
Beeren-Kokos-Trifle	140
Bibimbap – koreanische Gemüsebowl mit Sojahack	16
Blumenkohl-„Wings" mit „Remoulade"	98
Burger mit Linsenpatty und Coleslaw	50

C

Chia-Snack mit Himbeeren	107
Chili „Cheese" Fries	52

E

Erdbeer-Nuss-Törtchen mit Kokoschips	139

F

Falafel mit Spinatsalat	69
Flammkuchen-Schnecken	58

G

Gemüse-Chili mit Bulgur	40
Gemüse-Korma, indisches	70
Gnocchi, selbst gemachte	32
Gnocchipfanne mit Tomaten und Pinienkernen	32

H

Hasselback-Butternut-Kürbisbraten	85
Healthy Angel	124
Himbeer-„Cheesecake"	121

K

Kaiserschmarrn mit Mandeln und Apfelmus	128
Kartoffel-Gratin mit Aubergine und Zucchini	81
Kartoffel-Möhren-Rösti mit Kräuter-„Quark"	105
Kartoffelsalat mit vielen Kräutern und Zitrusfrische, grüner	92

Kebap „Greek Style" mit Tofu-„Feta" und „Zaziki"	110
Kichererbsen-„Omelett" mit Avocado und Tomaten	28
Kichererbsensalat mit Gemüse und Orangenfilets	113
Kohlrabischnitzel mit Bratkartoffeln und Gurkensalat	46
Kürbis-Orangen-Suppe mit Ingwer	30
Kürbisrisotto mit Pistaziencrunch	55

L

Linguine alla puttanesca	72
Linsenbällchen mit „Rahm"-Sauce und Kartoffelpüree	38
Linseneintopf mit Rauchmandeln	36

M

Maronensuppe mit Kichererbsen	22
Massaman-Curry	25
Mousse au Chocolat	136
Mungobohnen-Fritters mit Mais und Paprika	56

P

Paprika in Tomaten-Bohnen-Sauce, gefüllte	60
Pasta Carbonara, vegane	49
Pasta e Ceci – Orechiette mit cremiger Kichererbsensauce	64
Pflaumen-Crostata aus Vollkornmehl	131
Pide mit Paprika-„Hack"-Füllung	108
Pita mit Erbsenfalafel und Zitronen-Tahin-Dip	102
Portobello-Burger	19

R

Reispilaw mit gerösteten Nüssen, orientalisches	82

S

Samosas mit Minz-„Raita"	66
Schoko-Brownies mit Mandeln	126
Sommerrollen mit Chili-Dip	101
Spaghetti mit Bohnenbällchen und Mandel-„Parmesan"	44
Spaghetti mit Pesto	87
Spanakopita – griechische Spinatschnecke	95
Szegediner Jackfrucht-Gulasch mit Kartoffeln	43

T

Tagliatelle mit Mittelmeergemüse	76
Tex-Mex-Bowl	96

Z

Zimt-Hefeblume	118
Zucchini mit Quinoa und Tofu, gefüllte	20

REZEPTVERZEICHNIS 143

Zur Autorin:

Christina Wiedemann ist Diplom-Ökotrophologin und veröffentlichte bereits mehrere erfolgreiche Kochbücher. Als Mutter einer 9-jährigen Tochter ist es ihr wichtig, auch in einem stressigen Alltag gesund und ausgewogen zu essen. Sie setzt auf frische, natürliche Produkte und eine saisonale Küche – hinzu kommen immer eine große Portion Spaß und Genuss. Ihre Liebe zum Thema bringt sie auch auf ihrem Blog www.mehrlebensqualitaet.com zum Ausdruck.

HINWEISE ZUM BUCH

Lebensmittel:

- Ist die Lebensmittelgröße in der Zutatenliste nicht angegeben, sind bei Obst und Gemüse immer mittelgroße Exemplare gemeint.
- Unter der Bezeichnung „Mehl" in der Zutatenliste ist Weizenmehl Type 450 oder 505 gemeint.
  Unter der Bezeichnung „Pfeffer" wird frisch gemahlener schwarzer Pfeffer aus der Mühle verstanden.
- Bei der Verwendung von scharfen Zutaten wie zum Beispiel Chilischoten kommt es auf die persönliche Vorliebe und auf das Alter der Kinder an, die an der Mahlzeit teilnehmen. Die Menge kann problemlos den persönlichen Bedürfnissen angepasst werden.

Abkürzungen und Symbole:

cm = Zentimeter
El = Esslöffel
FP = Fertigprodukt
g = Gramm
l = Liter

ml = Milliliter
Tl = Teelöffel
TK = Tiefkühlprodukt
°C = Grad Celsius
Ø = Durchmesser

Bildnachweis:

Fotografie: Maria Brinkop: S. 2, 7-29, 33-67, 71-74, 80-84, 88-91, 94-99, 103-104, 109-111, 115-122, 127-137, 141; Simone Filipowsky: S. 125; S. 6 Mädchen (© weyo); Studio Klaus Arras: S. 31, 68, 77-78, 86, 100, 106, 138; TLC Fotostudio: S. 93, 100; Markus Maria Wendland: S. 4 (Familienfoto)
Illustrationen: Stock.adobe.com: Papierstruktur Einleitung (© pandaclub 23), sonstige Papierstrukturen (© Ardea-Studio), gerissene Ränder (© Good Studio), alle Sprechblasen (© LingJo), Strahlenhintergrund (© wow_subtropica), Kochmütze (© Denys Holovatiuk), Gemüse (© bosotochka); European Vegetarian Union: V-Label S. 6; The Vegan Society: Veganblume S. 6

Textnachweis:

Christina Wiedemann: Einleitung, Rezepte Seite 14-28, 32-67, 70-75, 79-85, 90, 95-98, 102-105, 108-110, 114-123, 126-136, 140; Katja Briol: Rezepte S 69, 76, 101, 107, 139, Nina Engels: Rezepte S. 92, 113; Simone Filipowsky: Rezept S. 124; alle anderen: Verlagsarchiv

Kebap „Greek Style" mit Tofu-„Feta"
und „Zaziki" 110

Kichererbsen-„Omelett" mit Avocado
und Tomaten 28

Kichererbsensalat mit Gemüse
und Orangenfilets 113

Kohlrabischnitzel mit Bratkartoffeln
und Gurkensalat 46

Kürbis-Orangen-Suppe mit Ingwer 30

Kürbisrisotto mit Pistaziencrunch 55

L

Linguine alla puttanesca 72

Linsenbällchen mit „Rahm"-Sauce
und Kartoffelpüree 38

Linseneintopf mit Rauchmandeln 36

M

Maronensuppe mit Kichererbsen 22

Massaman-Curry 25

Mousse au Chocolat 136

Mungobohnen-Fritters mit Mais und Paprika 56

P

Paprika in Tomaten-Bohnen-Sauce, gefüllte 60

Pasta Carbonara, vegane 49

Pasta e Ceci – Orechiette mit cremiger
Kichererbsensauce 64

Pflaumen-Crostata aus Vollkornmehl 131

Pide mit Paprika-„Hack"-Füllung 108

Pita mit Erbsenfalafel und Zitronen-
Tahin-Dip 102

Portobello-Burger 19

R

Reispilaw mit gerösteten Nüssen,
orientalisches 82

S

Samosas mit Minz-„Raita" 66

Schoko-Brownies mit Mandeln 126

Sommerrollen mit Chili-Dip 101

Spaghetti mit Bohnenbällchen
und Mandel-„Parmesan" 44

Spaghetti mit Pesto 87

Spanakopita – griechische Spinatschnecke 95

Szegediner Jackfrucht-Gulasch
mit Kartoffeln 43

T

Tagliatelle mit Mittelmeergemüse 76

Tex-Mex-Bowl 96

Z

Zimt-Hefeblume 118

Zucchini mit Quinoa und Tofu, gefüllte 20

Zur Autorin:
Christina Wiedemann ist Diplom-Ökotrophologin und veröffentlichte bereits mehrere erfolgreiche Kochbücher. Als Mutter einer 9-jährigen Tochter ist es ihr wichtig, auch in einem stressigen Alltag gesund und ausgewogen zu essen. Sie setzt auf frische, natürliche Produkte und eine saisonale Küche – hinzu kommen immer eine große Portion Spaß und Genuss. Ihre Liebe zum Thema bringt sie auch auf ihrem Blog www.mehrlebensqualitaet.com zum Ausdruck.

HINWEISE ZUM BUCH

Lebensmittel:
- Ist die Lebensmittelgröße in der Zutatenliste nicht angegeben, sind bei Obst und Gemüse immer mittelgroße Exemplare gemeint.
- Unter der Bezeichnung „Mehl" in der Zutatenliste ist Weizenmehl Type 450 oder 505 gemeint. Unter der Bezeichnung „Pfeffer" wird frisch gemahlener schwarzer Pfeffer aus der Mühle verstanden.
- Bei der Verwendung von scharfen Zutaten wie zum Beispiel Chilischoten kommt es auf die persönliche Vorliebe und auf das Alter der Kinder an, die an der Mahlzeit teilnehmen. Die Menge kann problemlos den persönlichen Bedürfnissen angepasst werden.

Abkürzungen und Symbole:

cm = Zentimeter
El = Esslöffel
FP = Fertigprodukt
g = Gramm
l = Liter

ml = Milliliter
Tl = Teelöffel
TK = Tiefkühlprodukt
°C = Grad Celsius
Ø = Durchmesser

Bildnachweis:
Fotografie: Maria Brinkop: S. 2, 7-29, 33-67, 71-74, 80-84, 88-91, 94-99, 103-104, 109-111, 115-122, 127-137, 141; Simone Filipowsky: S. 125; S. 6 Mädchen (© weyo); Studio Klaus Arras: S. 31, 68, 77-78, 86, 100, 106, 138; TLC Fotostudio: S. 93, 100; Markus Maria Wendland: S. 4 (Familienfoto)

Illustrationen: Stock.adobe.com: Papierstruktur Einleitung (© pandaclub 23), sonstige Papierstrukturen (© Ardea-Studio), gerissene Ränder (© Good Studio), alle Sprechblasen (© LingJo), Strahlenhintergrund (© wow_subtropica), Kochmütze (© Denys Holovatiuk), Gemüse (© bosotochka); European Vegetarian Union: V-Label S. 6; The Vegan Society: Veganblume S. 6

Textnachweis:
Christina Wiedemann: Einleitung, Rezepte Seite 14-28, 32-67, 70-75, 79-85, 90, 95-98, 102-105, 108-110, 114-123, 126-136, 140; Katja Briol: Rezepte S 69, 76, 101, 107, 139, Nina Engels: Rezepte S. 92, 113; Simone Filipowsky: Rezept S. 124; alle anderen: Verlagsarchiv